「官」の憲法と「民」の憲法

国民投票と市民主権

江橋 崇 著

信山社
SHINZANSHA

序　文

爆笑問題の太田光が「憲法九条を世界遺産に」と主張している（「すばる」二〇〇六年八月号、太田光・中沢新一『憲法九条を世界遺産に』（集英社新書））。なるほどと思う。太田の対談相手をした中沢新一は、世界遺産としての憲法九条とともに生きる覚悟をしきりと強調しているが、太田の視点は微妙にずれている。世界遺産には、古典芸能のように衰えつつも現に生き続けているものもあるが、スフィンクスやタジマハルのように、すでに歴史の一ページに封印されてしまっているものもある。第九条も、現実の政治に対する抑止力はほんどなくなっている。そういった、すでに完結した歴史遺産になりつつある第九条に、そうなってしまったにもかかわらず、なお、二一世紀社会に存在し続けるべき思想的な意味があるとする太田の思いのほうが、中沢より深い。

私は、日本国憲法の改正のあり方として、今はすっかり忘れられているが憲法制定当時は本則と考えられていた、増補型改正（アメンドメント）の再評価を問題提起している。アメリカ憲法のように、現在の憲法はどの部分も一切削除しないで、必要な部分を足してゆく改正の方式である。この方式には、さまざまな趣旨が読み込めるが、その中に、自分たちの先祖が作ってきた政治文化の結晶である憲法の文書を、改正によってこの世から消し去ることはしたくないという思いがある。

アメリカ合衆国憲法は建国直後の雰囲気をそのまま伝えているし、フランスでは、二百年前に作られた人権宣言を今でも大事に使っている。イギリスでは、一二一五年のマグナカルタや一六八九年の権利章典が、つい最近まで「この国の現行法」の一部だった。それならば、一九四六年に奇跡のように登場した憲法第九条も、世界に例のない平和主義憲法として消さないでおこうということになる。現実社会がどう変わろうとも、一九四六年の理想を憲法典から消すことは避けたいと思う。

歴史遺産となっている古都に住む人々は、それと折り合いをつけて生きていく知恵も持っている。日本各地の町並み保存もそうだが、道から見える正面は昔のままにしておいて、建物の内部は居住性を考えて現代風に改造する。あるいは、家具調度で工夫する。こういう「ファサード保存」に近いのが、日本国憲法第九条はそっくりそのまま残して、現実政治の中で必要になった安全保障や国際貢献の内容を平和基本法として定めるか、憲法に継ぎ足そうとする増補型改正である。「日本国憲法の理想は美しいが、二一世紀はそればっかりじゃあやっていけないよ」ということである。私は、これで良いと思っている。

こういう私から見て、最近とても気になるのが、憲法改正国民投票制度に関する奇妙な議論の展開である。改憲派は、憲法改正の地均しとして、この際、国民投票法を作りたいという。この法律がないのは、立法不作為だとも言う。だが、では、どういう法律が望ましいのかというと、国民投票制度の研究が足りないので、主張は日本国憲法と護憲派への反感を剝き出しにしているだけで、具体性に乏しくて良く分からない。一方、護憲派は、憲法第九六条は国民主権が直接に現れた美しい規定であると考えて、そこに、国民主権主義の憲法改正手続きが花開いているかのように説明し、改憲派への嫌悪を隠そうともしない。

しかし、日本国憲法制定の過程を見れば、当時はむしろ、天皇主権論の保守派のほうが憲法改正国民投票制度の導入に熱心であったことが分かる。保守派の論者は、ポツダム宣言の降伏条件に沿って「日本国民の自由に表明された意思」に基づいて日本の政府を作れといってくるGHQの要求におびえたが、危機に瀕した天皇主権を守るには、ほとんどの国民が天皇主権を維持した憲法改正案を支持するであろうという期待を持って、憲法改正の国民投票で「日本国民の自由に表明された意思」を直接民主主義的に演出することが望ましいのだと主張していた。後になって、護憲派は、GHQが国民主権主義の確立のためにこの制度の導入を日本側に具体的に要求したと指摘するが、それは、この制度を思いついたのは自分だとするGHQ関係者の後追いの自慢話に振り回されている。本書で詳細に示すように、史実は、日本のほうが先行していたことを示している。

また、GHQの憲法草案に憲法改正国民投票制が採用されたのは事実であるが、そのことは、護憲派が言うように、GHQが、国民主権主義の観点から導入に熱心であったという意味ではない。GHQの憲法草案には、市民が主権者として直接に政治に発言する直接民主制の制度はほとんど導入されていない。むしろ、前文の冒頭における言葉のように、「日本国民は、正当に選挙された国会における代表者を通じて行動し」という代議制民主主義がＧＨＱ草案の本則であった。実際に、国民投票制の導入は、本書で史実をもとに立証し、復元してみせるように、ＧＨＱ草案を日本側に手交する前日に、マッカーサーの指示を元に、ばたばたと決まったことであり、それ以前のＧＨＱ内部では、憲法改正手続きは国会の議決で行なうという考え方が主流であった。当時は、世界的に見ても、憲法改正の手続きに国民投票を加えるというのはまだ少数例であったことからすれば、ＧＨＱが憲法改正は議会によるべきだと考えたのも不自然ではない。

さらに、護憲派は、憲法第九六条の国民投票は制度として合理的であり、それに気づかなかった日本は、ＧＨＱ草案から学んだのだと説明している。だが、当時の日本での議論を丹念に見れば、保守派も革新派も、憲法改正の国民投票を採用するのであれば、憲法改正の是非について、まず、イニシアティブないし議会の総選挙の投票で改正の方向性について大きく項目を分けて市民の意向を聞き、次に、この投票で改正が是とされた項目について、議会かあるいは議会が選んだ憲法会議が具体的な改正案を作成し、第三に、各項目の具体案がまとまった段階で、改正案全体を一括してレフェレンダムにかけて、その全体に対する賛否を国民投票に問うものと考えていたことが分かる。憲法改正草案作成の前後に二度の投票で市民の意向を聞く三段階の手続きが基本であると理解していたのである。こういう二度の国民投票という制度は、当時すでに憲法改正国民投票を導入していた諸外国の実践例とも共通しており、制度としては合理的である。高野岩三郎、鈴木安蔵らの憲法研究会の改正案も、こうした直接民主主義の文脈の中で、レフェレンダムの規定を置いている。このことに気がつかない点で、護憲派も改憲派も、憲法制定経過について不勉強である。

結局のところ、戦後の憲法学の主流をなしていた護憲派は、GHQ内部で軍人が思いついた、レフェレンダムだけという中途半端な憲法改正国民投票の制度を、いかにも熟慮された理想的な制度であるように「解釈」してきたことになる。聖典を解釈するという戦後期憲法学の手法の欠陥が濃厚に現れている。そして、あらゆるカルトがそうであるように、聖典は、常に、解釈者の都合のいいように曲げて解釈される。憲法第九六条の場合は、改憲阻止の立場から、なるべく憲法改正がしにくいように解釈することが志されてきた。そのために、護憲派の考える改正手続論には実際上の無理が多く、史実から学ばない議論が横行している。私は、もうそろそろ、憲法学は、そういう護憲の呪縛から解放された憲法改正国民投票制論を検討してもいいのではないか、と思う。

また、逆に、改憲派も、改憲至上主義の呪縛から解き放たれていいのではないかと思う。改憲派は、そもそも日本国憲法生誕の法的な正当性について批判しているのであるから、日本国憲法の改正手続き、とくに国民投票制度の導入について、日本国憲法に即した議論がしにくいという問題を抱え込むことになる。また、一九四五年から四六年にかけて、先人が、自主的な憲法改正論のなかで、憲法改正手続論をどのように考えていたのか、そのなかに、国民投票制がどのように組み込まれていたのかについては、ほとんど研究していない。同様に、ＧＨＱ草案に対して先人がどのように批判して抵抗したのかも、実証的な研究が足りない。そのために、改憲派は、憲法改正手続きについて具体的なイメージを持っていなかったり、護憲派の主張にけちをつけていたりするだけということも多い。改憲派は、こういう過去の怨念から自己を解放するべきであろう。

個人の思想としては護憲であれ、改憲であれ、どちらでもいいのだが、憲法学の専門研究者に求められるのは、どのような立場の者からも信頼される、確固とした事実に即した研究であり、その成果の公表である。私は、護憲派も改憲派も、自己の政治的な立場に拘束されて、こうした研究者としての責務の履行が不十分であると考えている。

私は、本書で、護憲派も改憲派も共有すべき、憲法改正国民投票制に関する憲法史と憲法学説史の事実を実証的に描き出して、そこから素直に導き出される制度のあり方を提示することにした。私は、憲法制定当時に言われていたような、二度にわたって国民の意思を問う直接民主主義的な要素を取り込んだ憲法改正手続きの方式が適切であり、具体的には、憲法第九六条の国民投票制度のほかに、もっと早い段階で、憲法改正に関する国民の意向を項目ごとに聞く諮問的国民投票があってよいと思っている。これの実施のためには、さしあたりは「憲法改正国民投票法」という法律で制度をつくることができるが、将来、憲法を改正する機会があれば、第九六条第三項として、この諮問的国民投票の手続きも増補したほうがよい。

ところで、今、日本の思想界は戦後史の見直しという混沌のなかにある。憲法に関して言えば、護憲のためにゆがめて描かれてきた憲法史の再検討が求められている。

憲法学は、一九四六年三月のある日、突然に、それまで誰も考えたこともないような一編の憲法典を提示されて、それをそのままに受け入れて、それがいかに平和、民主、人権の理念に貫かれた合理的で美しい憲法典であるのかを、「憲法解釈」するように求められた。だがそれは、GHQから日本政府に突きつけられて、その後、政府と官僚群が、GHQと交渉しつつ、自分たちの政治的な支配の維持に都合のいいように巧みに手直しした上で、制憲議会での議論や、付属法典の準備を通じてさらに都合のいい政府解釈をしたうえで、国民に「押し付け」てきた、いわば「上からの民主主義」の憲法典であった。こうした政府と官僚群による憲法解釈とその運用を支えるのに都合のいい事実と学説を広く古今東西の憲法史から発見し、不都合な事実を削り落として、政府と官僚群の要望に応えて日本国憲法の合理性を巧みに説明できた者が、戦後憲法学のチャンピオンになった。

私は、本書で、憲法改正国民投票制という各論の研究を通じて、そういう、存在する条文を合理的なものであると説明しようとしてきた戦後期憲法学の体質を明らかにする作業の一翼を担いたいと思っている。戦後日本社会で、GHQの支配の下で、政府と官僚が日本を支配する道筋を作り出してきたときに、それを支え、それが合理的であると説明し、さらに、この考え方に立つ将来の官僚の候補者を育てるという役廻りを多くの憲法学者がになった。そういう戦後期憲法学のあり方の骨格を形成したチャンピオンが、東京大学法学部の宮沢俊義教授である。私は、こういう問題点を、憲法改正国民投票制度という各論に引き付けて表現したい。国民投票制に関する議論の実際の姿を歴史のくずかごから拾い出して再現して見せることを通じて、戦後期憲法学のあり方、とりわけ東京大学法学部の「民主的にして官僚的な」憲法学、つまり、戦後期の「官」の憲法学のあり方を問題にしたいと思う。

宮沢が、第二次大戦の敗戦後の日本社会において、こういう立場にたどり着くまでの悪戦苦闘ぶりは、一編のドラマのように劇的である。宮沢が、平和主義的で、民主主義的で、しかも戦後日本を実際に支配していた政治権力に親和できる憲法学を打ち出した背景には、宮沢自身が時の権力者との間につくってきたスタンスがある。これについての冷静な研究がなければ、宮沢憲法学研究は成り立たない。私は、宮沢の人格まで含めて、宮沢と権力の関係という、ほとんど憲法学のタブーとなっている点に触れなければならないと考えている。

このような戦後期憲法学のあり方を問題にするときに、それならば、官僚による「上からの民主主義」の統治を合理的に説明してみせる「官」の憲法学であること以外に、憲法学には、どのようなあり方が可能であったのか、という問題点が浮上する。日本中の憲法学者が、こぞって同一方向の日本国憲法の解釈に走るように見えるときに、そうならずに、孤高を保ってでも客観的な憲法学の研究者であり続ける可能性はあったのだろうか。法学部の憲法学講座の教壇は、公務員試験と司法試験の合格者を輩出するために、日本国憲法を巧みに説明してみせる解釈技術者に提供されていたときに、その限界を打ち破る可能性はどこにあったのだろうか。誰が「官」ではなく、「民」の憲法学者たりえたのであろうか。この点が説明できないでは、私の問題提起は、ないものねだりに終わる。

容易に想像がつくのは、左翼の憲法研究者である。日本国憲法制定の当時から、共産主義、社会主義の左翼憲法学者の潮流が存在した。戦後期を通じて、鈴木安蔵、長谷川正安らが代表的な論者であり、その憲法学についての研究は進んでいる。だが、不思議なことに、こうした左翼憲法研究者は、アメリカの支配、自民党の支配、経済界の支配への批判を強めても、官僚支配の政府に対する批判は弱められた。

次にありうるのは、憲法学講座の担当者以外の法律学研究者や、歴史学の研究者である。家永三郎、渡辺洋三など、法史学、法社会学などから憲法問題に関して鋭い指摘を行ってきた者は容易に念頭に浮かぶ。ここに、政治学や行政学の研究者を加えることもできる。

本書ではさらに、外国法研究、とくに英米法研究者による研究と発言にも注目しておきたい。高柳賢三、伊藤正巳、田中英夫らは、各々の角度から、憲法のあり方に関連して優れた研究を行い、発言してきた。憲法学全般を通じては、日本国憲法がアメリカ憲法と、アメリカ的なフィリピン憲法の影響を受けている以上、アメリカ法研究者の発言は重視されるべきであったが、それは実現しなかった。本書が扱う改正手続きや国民投票制については、日本国憲法がアメリカ憲法にならってアメンドメント方式の改正手続きを採用したように見えたにもかかわらず、アメリカ憲法の研究者からアメリカやフィリピンの先例に基づく積極的な発言や問題提起がなかったのは残念なことであった。

こういう、いわば憲法学から見ると外野の人々による講壇憲法学批判以外に、憲法学者の世界に、本書のようなテーマにとって注目すべき「民」の憲法学者はいたのであろうか。私は、その一人として、本書で、法政大学法学部の憲法学担当教授、中村哲を取り上げようと思う。

中村は、憲法学にとどまらない多芸の人である。各方面で、一流の域に達していたが、政治思想史研究や民俗学研究から、絵画、短歌の世界まで、さまざまな思いが交錯しながら発言や執筆が行われたことが多く、そのために、彼の憲法研究はイメージがぼやけて、周囲の人々は、中村は、あれこれ言い散らかし、書き散らかししたが、結局何をいっているのかがよく分からない「偉大なる散漫」であると評して、憲法学者としての業績の内容に踏み込むことをしていない。中村は、いわば忘れられた憲法学者である。

だが、私には、中村の言説の中に、戦後における「民」の憲法学を代表する、官僚支配批判の憲法学の一貫した主張が見える。中村は、「民」の憲法学者であったために、「官」の憲法学を激しく批判し、「官」の憲法学が優勢な戦後期の憲法学で忘れさられていったのだと思う。

中村は、もともと明治維新以来、官僚が主導してきた日本の政府のあり方への疑問から、政治思想史研究を志し、事情あって憲法学に転じた者であり、戦後期になると、日本国憲法における国民主権、民主主義の徹底を期して、官僚指導の政府やそれを支える「官」の憲法学への批判を強めた。当時の中村は、共産主義に傾斜していたので、官を打倒する人民の革命を強く主張してもいた。占領期の日本では、GHQが検閲を強行していた。憲法問題に関して言えば、日本国憲法がGHQ主導で作られたことを不用意に書いてしまった論稿は発表を禁じられた。「官」の憲法学者でもこの検閲の網に引っかかった者は少なくない。だが、中村の場合は、その書いた内容が過激すぎて検閲に引っかかっている。今となっては名誉な話だが、GHQによって発表を禁じられた回数においても、その内容の過激さにおいても、中村は、他の憲法学者を圧倒的に凌駕している。中村の言説が誰に対しても遠慮会釈のないものであったことの証しである。

本書で注目する中村のもう一つの仕事は、政治思想史研究、政治学研究のバックグラウンドを生かした、日本の官僚制そのものの分析、研究である。「民」の憲法学が持たねばならない研究領域を、中村は切り開いて進んでいる。戦後期に、中村が、他の政治学者や行政学者に伍して書き表した官僚制に関わる論文は、日本国憲法第五章「内閣」に関する学説史や、さらに広汎な領域で再評価されてよい業績であったと思う。

私が中村の憲法学に注目してきたのは、たまたま私が、法政大学の憲法講座を中村から引き継いだ後継者であったという事情に由来する。折々に中村の書いたものを読み、中村と話す機会も多かったが、憲法や官僚制に触れることはあっても、それはほとんど身内の読書であり、身内の会話であった。このように身近な存在であった中村について、その憲法学を研究論文として書き著したいという気持ちは、正直なところ、薄弱であった。

私が、中村の憲法学についてきちんとまとめてみようと思ったのは、彼の死後、周囲の人々の理解が余りにも浅薄であり、しかもそれが、「偉大なる散漫」の一言で済まされていて、中村の「民」の憲法学が忘れ去られていたからである。私は、当時、自分の中村理解を整理する意味で論文を書いたが、未発表であった。今回、このときの原稿を基にして、「官」の憲法学に対置する趣旨で、中村の「民」の憲法学を取り上げる。戦後期の憲法学には、宮沢のような「官」の憲法学になる以外に、中村のように「民」の憲法学でありうる道も開かれていたことを記録しておきたいのである。

こういう趣旨で、本書は、二編の独立した論文で成り立っている。若干、重複しなければならなかった部分もあることを弁解しておきたい。両者が呼応して、戦後期憲法学の体質を明らかにし、あわせて、今後の憲法改正問題についても適切な検討の視座が明らかにできれば幸いである。

最後になったが、私の大事にしている資料を紹介しておきたい。それは、雑誌『改造』の一九四七年五月号、つまり、日本国憲法施行の記念号である。

この号の冒頭は、憲法学者の河村又介の論文「新憲法生誕の法理」である。河村は、本書で詳細に検討するように、第一次大戦後のヨーロッパで、ワイマール憲法や、フランスの第三共和制憲法を学び、また、ソ連の社会主義憲法にも精通した秀才であり、以前から、国民投票制などの研究で知られていた。河村は、幣原内閣の憲法問題調査委員会のメンバーであり、おそらく唯一、そこで憲法改正国民投票制の導入を主張した人物である。河村は、GHQ草案の押しつけに怒り、激しく批判してGHQの検閲に引っかかっているが、そうした河村でも、日本国憲法の施行に際して、従来の批判的な態度を改めて、この憲法が、大日本帝国憲法の合法的な改正で成立したものであるとする説明と解釈に移行する。この論文は、憲法改正に遭遇した憲法学者の、新憲法の解釈に軟着陸するあり方を考えさせられる論文である。

これに次いだのが、中村哲の「官僚制国家の民主化」(後に、『知識階級の政治的立場』一七一頁に「官僚制国家」として収録)である。中村はここで、筆法鋭く、日本国憲法による制度革命はいちおうなったが、これに続く、絶対主義官僚支配を除去する社会革命が必要であることを説く。また、憲法の解釈は、「日本の民衆によって担われるブルジョア革命の完遂、すなわち新民主主義の実現に奉仕するものでなければならない」と説く中村は「民」の憲法学の使徒となっている。

そして、こういう中村と好対照なのが、同号の座談会「新憲法と国政の運用」に登場する宮沢俊義である。この座談会は、施行される日本国憲法を生かす国家運営をどう行っていくのかを検討するものであり、宮沢のほかに、末弘厳太郎、我妻栄、向坂逸郎、鈴木安蔵が参加している。当然そこでは、論点のひとつとして官僚支配が問題になり、参加者が活発な議論を展開するが、宮沢は、他の問題点については饒舌であるのに、官僚制の批判についてはほとんど何も語っていない。官僚制の非能率以外に、宮沢の提示する論点はない。

私は、同じ雑誌の同じ号に掲載された、官僚制批判に関する中村の熱弁と宮沢の沈黙が、あざやかに、当時の日本にあった「民」の憲法学と「官」の憲法学の違いを浮き彫りにしていると思う。戦後憲法学の体質を知るには、万巻の書籍を読破するまでもなく、この、『改造』一冊を読むだけで、問題の所在が明確に見えてくるのである。

本書は、最近の憲法改正国民投票制に関する議論に参考になるように、超特急で出版にこぎつけた。企画から雑な原稿の校正まで、多大のご尽力をいただいた信山社の渡辺左近氏に感謝する。

江橋　崇

二〇〇六年九月

目　次

市民主権からの憲法改正国民投票

この六〇年間、日本の憲法学は、改憲、護憲という強力な政治的な磁場の中ですごしてきた。そのことは、学問研究を強く刺激するというプラスの作用を生み出したが、他方で、問題関心の偏り、研究成果の政治文書化、異説に対する罵倒と無視という、研究の世界での致命的なマイナスの作用も生んだ。それとともに問題なのは、自分の政治的な立場を主張する根拠として、歴史や学説に対する歪んだ認識、評価を平気で主張する風潮を生んだことである。それも、日本国憲法の制定に関わった第一世代は虚偽と自覚した上で主張しているものが、これに続いた戦後派の研究者である第二世代、その弟子筋に当たる第三世代と継承されるうちに、いつしかそれがまったき史実であるかのように誤解されたままになってしまうということがよくある。

日本国憲法第九六条における国民投票制の採用をめぐる議論は、こういう学界のゆがみの実例である。これまでの憲法学界では、憲法改正国民投票という制度は、国民主権の直接的な実現であり、憲法制定権力の行使であり、したがって、日本国憲法第九六条は、「主権の存する日本国民」と明記した第一条とならんで、国民主権主義を示す最重要な規定であると高く評価されてきた。今日、実際に国民投票法の制定が準備される段階でも、この、憲法第九六条と国民主権主義を等値する考え方から具体的な制度が演繹されようとしている。

私は、国民主権という考え方そのものには、それが、市民が政治の主役になることであるとすれば、基本的に賛成である。だが、そういう立場の私から見ても、憲法第九六条で実現された形態の憲法改正国民投票という制度は、市民の政治参画の方法としてはそれほど高く評価できるものではない。国民投票制度の成立、展開に関しては、国民主権論者ではない天皇主権論者も含めて、多くの人々の関与があり、苦闘があった。こういう人々の考えていたことも含めて、憲法第九六条をもっと客観的に理解できないだろうか。もう一度、日本国憲法生誕の原点から、国民投票制とは何なのかを考え直してみる必要があるのではないか。また、こういう歴史的な考察を踏まえて、日本国憲法下で考えられる最適の憲法改正国民投票制度はどのようなものであるのかも考え直してみる必要があるのではないか。最近の状況の中で、私のそういう気持ちは強まってきた。ここに、いわば重い腰を上げてということになるのだが、日本国憲法生誕のドラマの一端を語らねばならない。

私が、ここで「重い腰を上げて」と書いたのは、もっぱら個人的な事情による。これから書くことは、誰よりも、宮沢俊義という戦後期憲法学を代表する学者への、学説のみならず人格も含めた批判になり、それに無警戒であった芦部信喜への批判にもなるであろう。芦部は私の尊敬する師であるし、宮沢は芦部の師、私にとっては師の師である。「大義親を滅す」というほどではないが、その人柄も親しく知っている者としては、こういう仕事は他の人に任せておきたいという思いがあったので、筆は重い。それに加えて、現在、憲法改正国民投票に関してもっとも活発な発言をしている、私と同じ小林直樹門下の弟子であり、かねて敬愛してきた高見勝利にも累は及ぶ。心に鞭打って批判をさせていただくことになる。

1　一九四五年後半、天皇主権のもとでの国民投票制度の提唱

(1)　日本政府内部での憲法改正の検討

日本国憲法第九六条には、憲法改正に関する国民投票の規定がある。これは、市民の立法過程への参画を保障した国民表決の制度としては、日本法制史上で初めてのものであり、その誕生には大きな関心が寄せられる。

この国民投票制度については、普通は、国民主権の直接的な発動、あるいは主権者の憲法制定権力の行使として評価されている。しかし、歴史的な経過からすると、第二次大戦後でも、日本国憲法の制定よりも以前の時期には、国民投票制度は、国民主権原理との関連ではなく、天皇主権の下での市民による直接民主制の原理から導かれる制度として理解されていた。

敗戦直後の日本は、天皇を主権者とする憲法を維持するという「国体護持」の基本原則と、ポツダム宣言第一二項が占領解除の条件としている「日本国国民ノ自由ニ表明セル意思ニ従ヒ平和的傾向ヲ有シ且責任アル政府ガ樹立セラルル」べきであるという要求をどう調和させるのかに苦慮していた。そして、敗戦一ヵ月後の内閣法制局の検討では、憲法改正の発議権を、自由な民意を代表する議会に認めることで条件は満たされるというのが全員の一致した結論になるとともに、佐藤達夫参事官などから、憲法を改正をする場合は、議会に修正権がないので、ポツダム宣言との関係において、「今回はまず改正手続を改正し、人民の発議権ないしは少なくとも議会の修正権を認めるに止め、本格的な改正はその後になされるべきものという考え方もありうるのではないか」[1]と、国民表決制度の活用が早くも提案されていた。実際に、これを裏付けるように、「憲法改正ノ手続ヲ修正シ人民ヨリノ発議又ハレフェレンダムトシソノ上デ本格的改正ヲ為ス（佐藤）」[2]という記録も残されている。憲法の改正を国民表決にかければ、天皇に対する忠誠心の強い日本人は、圧倒的な多数で天皇主権の憲法改正案を支持するに違いないという認識がその裏にある。

また、この時期には、外務省も憲法問題に取り組んでいた。九月二八日には、東大教授の宮沢俊義を講師に招いて研究会を開催し、一〇月九日には、政務局第一課による「自主的即決的施策確立要綱」を起案して、統治制度及統治組織の改革のためには、「憲法ヲ改正シ之カ運用上民主主義精神ニ依ル輔弼制度ヲ確立スルモ大概ハ時ニ応シ能動的ノモノタラシムルコト」と提唱し、一一日には条約局の田付景一第二課長兼第一課長の名前で、「帝国憲法改正問題試案」を作成した。その中で、外務省は、ポツダム宣言の要求を満たすには憲法改正が不可避であるが、当面は、連合国側の要求に応じた臨時的な改正にとどめて、将来、別に、憲法改正の具体的方向を指示し一般国民の意向を問い、あるいは国民投票により、あるいは議会の解散による総選挙に基づき、決定的改正を行うべきであると主張している。(3)

当時、こういう政府内部の動きにも連動して民間で憲法改正を企画していたのは東大法学部教授の矢部貞治である。彼は、若手の憲法学者である元台北帝大法学部教授の中村哲や、内閣法制局の佐藤功らを使って改正案を作成し、東久邇稔彦首相に提出した。(4) これは、天皇の地位を護り、その国法上の権限を、非常事態、国家緊急事態における統合力の発揮に限定して、日常の政治は、議会主義の下、政府にゆだねようという、当時としては穏健な改正案であったが、提出の直後に同内閣が総辞職したために、この提案は宙に浮き、また、矢部は東大法学部の同僚に疎まれて公職追放が必至となり、自ら辞職した。中村は法政大学に転じて在野、左翼の運動にかかわり、佐藤は松本委員会のスタッフになって活動した。この矢部案は、社会的には注目されることもなく、消滅した。が、「矢部貞治案」として敗戦直後の政界の要路に届けられ、日本の国家運営の重要な参考資料として使われた。

(2)　アメリカ本国での日本の憲法問題の検討

一方、アメリカ側では、戦争中から、政府において、日本降伏後の国制改革について、天皇制の存置の是非を中心に検討が進められていた(5)。アメリカ政府の関係者の間では、大日本帝国憲法の改正は不可避であり、その際には、日本の市民による積極的な改正は期待できないので、アメリカ政府の欲する憲法改革の要点を明確に示した上で、日本の政府、有識者による改正を期待し、それがうまくいかなかった場合に、最終的には占領軍による干渉もありうるとする考え方に、大筋の合意があった。その際に、国民投票によって、日本の市民の意見を聞くという手続きに対する期待は考えられていない。

一九四五年の秋になると、アメリカ国内では、SWNCC(国務省・陸軍省・海軍省調整委員会)を中心に、対日占領政策の具体化が急がれていた(6)。その成果は、次々と東京のGHQに伝えられた。ワシントンからは、まず、「降伏後におけるアメリカの初期対日方針」(一九四五年九月六日。ただし、東京のGHQには、正式決定に先がけて八月二九日に通知)、「連合国最高司令官の権限に関するマッカーサー元帥への通達」(一九四五年九月六日)、「日本占領及び管理のための連合国最高司令官に対する降伏後における初期の基本指令」(一九四五年一一月八日)など、占領政策の基本を指示してその実行を求める文書が送付されている。たとえば、女性参政権について、九月にアメリカからの指令があり、一〇月一一日の「五大改革指令」で日本側に伝えられ、一二月の衆議院議員選挙法の改正で実現したという具合である。

(3)　アチソン政治顧問事務所による日本側の憲法改正の奨励

当時東京には、ダグラス・マッカーサー総司令官の政治顧問事務所が設置され、アメリカ本国の国務省との連携で動いていた。この機関の長はジョージ・アチソン大使であった。

マッカーサーは、当初、このアチソン政治顧問事務所を通じて、憲法改正問題について日本側との接触を考えていた。一〇月四日のマッカーサー・近衛文磨の会見において、マッカーサーは、憲法の自由主義的（今日の民主主義的という意味）な改正の必要性を指摘して、近衛にその任にあたるように勧めた。また、日本政府が急速に作業することを求め、そうでないと、「摩擦を覚悟しても、われわれ自身でこれを行わなければならぬことになる」と語っている。近衛によれば、この日、近衛が、「元帥は非常に多忙であろうから、今後、憲法改正について誰と話したらよいか」と尋ねたところ、「アチソンやその他の専門家も来ているから、それらと打合わせをされたい」との答えであった[7]。

このマッカーサーの指示に従って、近衛は、一〇月八日にアチソン政治顧問を訪ねて、憲法問題に関するGHQ側の意向を聞いた。アチソンは、アメリカ政府から送付されてきた諸文書を基礎にして、改正されるべき憲法の要点を七項目にわたって指示した。この後、近衛らは憲法改正案の作成に取りかかるとともに、一〇月下旬、一一月上旬に、政治顧問事務所側と数回にわたって接触して、GHQ側の意向を聞いている。アメリカ側は、一〇月一七日の国務省からの訓令の内容も説明している。

アチソンは、一〇月一〇日付けで憲法問題に関する意見、日本側に示した七項目の指示をアメリカに送付した。アメリカ政府側は、この連絡により、憲法改正問題に取り組む緊急の必要を知るところとなり、基本方針の策定を急ぎ、一〇月一六日にその概要を東京に電信で送付するとともに、一〇月三〇日にSWNCC一四二号文書を送付した。この文書は、一一月一一日にはGHQに到着している。そこでは、アチソンの考えに賛成するとともに、「永続する効果をもたせ、それにより最も効率的にするために、日本の統治機構の欠点を修正するのに必要な、憲法上および行政上の改革は、……理想的には日本の政府によって発議され実行されるべきである。このような日本人による自発的な改革がなされないならば、占領軍の撤退の条件として、日本において樹立されているべき『平和的傾向をもち責任をとる政府』と考えることができる前に、最高司令官は米国政府が必要と考える改革を示すべきである」(8)として、憲法改正が日本側の自主的な改革努力の一環になることを期待している。さらに一一月一三日には、この文書が修正されて、「日本の人々の自由な意思を表明する方法での憲法改正あるいは憲法の起草と採択」(9)を求めるようになった。なお、SWNCCは、その後、二二八号文書の作成に取りかかり、一九四六年一月七日に完成させている。

(4) 憲法改正問題の迷走の始まり

ところが、ここから、憲法改正問題の迷走が始まる。GHQは、日本国内やアメリカ本国での近衛批判が強まると、一一月一日になって、近衛の改正案作りは皇室内部の事柄であって、GHQは関係していないという近衛切捨ての声明を発表した。[10] これは同時に、アチソン政治顧問事務所の憲法改正問題からの排除でもあった。GHQは、この問題について、国務省―政治顧問事務所というラインでの関与を嫌うようになり、アチソンに、憲法問題での日本側との接触を禁止し、これ以降は、憲法改正については日本政府内での検討に任せて放置した。

繰り返して書くが、当時、アメリカ政府の方針は、アメリカ側の要求を明示して日本の自主的な憲法改正を待つ、というものであった。アチソン事務所はその線で動いていた。GHQが、なぜ方針転換をして、憲法問題に関する日本側への助言、指導を放棄したのか、理由は定かではない。当時のGHQに、アメリカ本国と内容的に異なる憲法構想があったわけではない。日本政府の改正案は、関係者の言動からすれば、とうていアメリカ側の要求を満たすものになるとは考えられていなかった。そうすれば、事前の指導を放棄すれば、アメリカ側の認めることのできない改正案が公表され、GHQとしてはそれを正式に拒否して、大幅な干渉を始めるという結果に追い込まれることが十分に予測されていた。GHQが、内容上の対立がないのに自由放任策に転じて、このようなリスクを引き受けたのは、なんとも不可思議なことである。アチソンは、憲法問題からはずされた後になるが、一九四五年一二月一三日にマッカーサー宛に手紙を送り、こうした危険性を語り、それを回避するために、民政局から日本政府の憲法改正問題担当者に、アメリカ本国の文書を提示して助言することを意見具申したが、ＧＨＱはこの提言を拒否した(11)。

(5)　国民投票制への期待の薄さ

アメリカ側の、日本憲法改正問題の検討記録を見ると、そこにひとつ顕著なのは、国民投票を活用した市民の自主的な憲法改正への参画への期待が薄いということである。早くも戦時中に、アメリカ政府部内では、ヒュー・ボートンが、憲法改正問題の手順を報告しているが、その中でも、「新しい日本の政治における自発性については、一般国民からあまり多くは期待できない(12)」と書かれている。

一九四五年当時のアメリカは、ポツダム宣言において日本国民の自由な意思に基づく民主主義的な政治体制の設立を求めたことと、もし本当に自由な意思表明を求めた場合に、日本国民の圧倒的多数が国民投票において天皇主権の政治体制を望むであろうこととの矛盾に頭を悩ましていた。たとえば、ＳＷＮＣＣ二二八号文書には、「日本における政府の最終形態は日本の人々の自由に表明された意思によって樹立されるべきだとしても、現在のかたちでの皇帝制度の維持は、前にかかげた全般的な目的とは合致しないと考えられる(13)」として、危惧の念を表している。

その中での、一〇月八日の近衛・アチソン会談におけるアチソンの憲法改正手続きについての発言は、一歩を踏み出したものとして注目される。会談に参加した者の記録に、「憲法改正の方法を改めること(14)」、「憲法改正手続の改正。人民が参加する様にすること(15)」、「国民発案および一般投票《リファレンダム》による修正の規定」[16]と多少の違いがあるが、いずれにせよ、ここで、アチソンから、憲法改正手続きを改正して、市民が直接に参加する形に改める必要があるという趣旨の指摘があったことと思われる。

(6) 近衛、佐々木の憲法改正案における国民投票制の採用

内閣法制局や外務省と同じ意味合いで、一〇月に始まった近衛文麿、佐々木惣一の憲法改正案にも国民投票制度が採用されていた。近衛、佐々木も、GHQ側の求める趣旨でのイニシアティブやレフェレンダムの採用には積極的でなかったが、他方で、日本市民がレフェレンダムで自由に意思を表明すれば、天皇主権の憲法を支持するであろうし、こうすれば、GHQからも文句が出ないであろうとも予測していた。近衛の側近であった富田健治は、その後、内閣の憲法調査会において証言して、国民投票制度の活用は近衛に近かった酒井鎬次陸軍中将のアイディアであったが、近衛が大いに気に入って改正案に採用し、ついには天皇の耳にも達したことを明らかにしている[17]。国民投票は、天皇制の基盤を直接民主主義的に強化するものと考えられていたのである。それが、天皇主権論者による国民投票制採用の理由であった。

そこで、GHQの不可思議な妨害がなければ、その後の憲法改正案では、日本側、アメリカ側の双方の一致した意見として、国民投票制が採用されたのではないか、とも思われる。たとえ、同床異夢のものであったとしても。

(7) 幣原内閣憲法問題調査委員会（松本委員会）による国民投票制度の排斥

天皇を主権者とする国体をしっかりと維持したいという思いは、一九四五年一〇月に成立した幣原喜重郎内閣と、憲法問題担当大臣になった松本烝治大臣にも共通していた。ところが、社会の事情は徐々に変化しており、天皇の戦争責任を追及し、天皇制を批判する論調が、GHQの支持を得て高まった。とくに、在日朝鮮人は、強制連行されてきた多くの人々も含めて、敗戦になると直ちに軍需産業から放り出されたのであって、生活していくために早くから、社会的にも政治的にも活発な活動を開始した。この時期の在日朝鮮人の運動は、新興の日本共産党の主要な勢力のひとつになり、激しく天皇制を批判していた。保守主義の幣原内閣や官僚たちは、この動きに大きな脅威を感じていた。

幣原内閣は、こうした在日朝鮮人対策として、その政治的な権利に関して二つの排除策を進めた。第一に、第二次大戦中から認められていた在日朝鮮人の選挙権、被選挙権を剥奪した。幣原内閣は内務省で衆議院議員選挙法の改正を進めていた。一九四五年一〇月二三日の閣議では、「内地在住ノ朝鮮人及台湾人モ選挙権及被選挙権ヲ有スルモノナルコト」として、在日朝鮮人の選挙権、被選挙権を認める方針であったのが、その直後に方針を変えて、在日朝鮮人の権利を否定することとなり、一一月上旬には排除の方針を固め、一二月の衆議院議員選挙法の改正によって、在日朝鮮人の選挙権が「当分ノ間停止」されたのである。さすがに、国籍のある者の選挙権、被選挙権であるし、すでに実施されてきた経緯もあるので一挙に廃止とまではいえなくて、「停止」とごまかしていたが、それが、天皇制に批判的な在日朝鮮人を政治過程から排除しようと狙ったものであったことはすでに明らかにされている。(18)

第二に、憲法改正問題を扱うことになった松本委員会において、憲法改正案の検討事項として、国民投票制という市民参加の制度そのものを否定した。委員会が実質審議に入ったのは、一一月一〇日の第二回総会である。この冒頭で、委員会は、「憲法改正ニ議会ノ外人民ノ参与ヲ認ムベキヤ」と自問し、「人民投票制等ハ本問題ノミナラズ一般的ニ否定スベシ」と自答している。(19) 人民投票という制度は、憲法改正手続きにおいても、またそのほかのいかなる場合でも原理的に否定されるべきである、というのである。ここには、在日朝鮮人はとくに名指しで言及されてはいないが、彼らの政治参加の道を閉ざすという決意であることは明らかである。(20)

この調査会には何人かの憲法学者が加わっている。美濃部達吉らは国民投票制度に反対ではなかった。九大教授河村又介のように、以前から国民主権や国民投票制度の研究で名高い学者もいた。(21) 内閣法制局の官僚の間にもこういう機運があったことはすでに述べた。こういう人たちは、この一撃で、憲法改正の国民投票についてはあきらめて沈黙することになった。政府側の基本線の告知はきわめて重い意味を持っていた。これは、松本烝治委員長自身の発言と推測される。

これ以降は、二〇回以上開かれた委員会の会議での討議においても、また、各委員が文書化して提出した憲法改正案においても、国民投票制度に言及し、それの採用を主張したものは途絶えた。松本委員会では、国民投票制度は視野の外に置かれたのである。

(8) 松本委員会内での国民投票制度の「極めて有力」な主張の不在

ところで、「松本委員会の内部では、すでに、日本国憲法九六条を先取りする次のような議論が極めて有力であった」(22)という見解がある。調査委員会メンバーの宮沢俊義(東京大学法学部教授)、清宮四郎(東北大学法学部教授)、河村又介(九州大学法学部教授)の三人が、調査委員会総会での議論を整理するために委員会の各委員が提出した憲法改正案を突き合わせて検討した作業委員会の席上で、一人のメンバーが発した意見(23)、すなわち、憲法改正手続きについては、議会にも改正を発議する権限を認めるように改正すべきだという点では各委員の改正案が一致している。また、どの改正案でもただそれだけでそれ以上の提案はない。せめて憲法改正については国民投票制度を設けるべきではないだろうか。あるいは、国民投票制度ではなくても、諸外国の憲法のように、憲法改正が発議されたときは国民の総意に問うという意味で議会が当然に解散されることぐらいは考慮すべきではないのか(24)という趣旨の発言がその根拠である。

残念なことに、この発言は、作業委員会での一委員のつぶやきに過ぎない。この会議でも採用されなかったし、調査委員会の総会にも報告されていないままで消えた。松本委員会は、きわめて原則的な国民投票否定論を堅持したのである。二〇回以上の会議が開かれた中で、そのすべての会議で国民投票制度が否定されているのに、若手の憲法研究者が集まった議題整理の作業部会で、一人の参加者が「国民投票制度か議会の解散くらいはわれわれの討議の議題に載せてもいいのに」とぼやいたわずか一回の言葉を捉えて、松本委員会の内部でも、国民主権主義に通じる国民投票制の主張が「極めて有力であった」と判断するのはどうであろうか。

(9) 一九四五年当時の憲法学界における国民投票制の理解

ところで、当時の日本では、これから具体的に見るように、国民投票は、国民発案（イニシアティブ）と国民表決（レフェレンダム）の併用であるべきだという理解が有力であった。憲法改正の国民投票でいえば、まず、発案権者がリードして改正の必要性や大まかな内容についての考えを示したうえで、国民投票で市民の意見を聞いて、それが改正を可とするものであったときか、あるいは、要件を満たした数の市民からの国民発案（イニシアティブ）があったときか、このいずれの場合においても、議会中心に改正案を検討して原案を発議して、それを国民表決（レフェレンダム）にかけて、可決、成立させるという、直接民主制のエッセンスを入れた手続きが想定されていたのである。

一九四五年当時の日本の憲法学者の間では、スイスやアメリカの州憲法などでもこういう制度になっているということがきちんと理解されていた。そして、市民参加という点からとくに強調されたのは、草案作成段階で民意が入らなければならないということであった。原案が確定してからの賛否ではなく、もっと手前の段階での民意の投入が必要だということである。

たとえば、平野義太郎は、一九四五年の年末に書いた論文「憲法の民主化[25]」の中で、ジェームス・ブライスの民主主義論に依拠して、人民の直接立法権は「近代デモクラシーの特色中最も研究に値する」ものであり、「人民の直接立法は米国諸州及びスイスで二つの形式を有する。その一は『レフェレンダム』で、立法部の可決した憲法修正案及び法律案を人民の投票により決定する。その二は『イニシァティブ』で、一定数の人民に憲法修正又は法律制定の提案を認めるものである[26]」と説明している。

また、金森徳次郎は、一九四五年一一月に執筆した『日本憲法民主化の焦点[27]』で、こう述べている。「憲法改正手続に付ての言はば準備行為として若干の論点に付国民投票を行ふべしとする論である。其の一型を摘示すれば、改正は世論に基かねばならぬ。故に重要論点に付予め国民投票を求め其の結果に依つて改正の実を挙ぐべしとするのである。国民的投票を以て法的要件とするならば、憲法第七十三条を此の趣旨に改正することが先決問題である。法的条（ママ）件以外の補助作業とすれば必ずしも之には及ばない。而して国民代表の議会の議決以外に国民の直接表決制が必要であるか否かは、実質的に価値判断を要する。知識的な問題には代表会議が適当であるが、信念自体の表明問題に付ては代表に適せぬから、直接的な国民表決も慥に研究の価値があるであらう[28]」。

ここでは、国民投票は、憲法改正手続きの準備行為と位置づけられており、改正が「知識的な問題」に関するときには国民投票は適当でないが、「信念自体の表明問題」については、国民投票も検討すべきだと判断されている。そしてそれを正式の改正手続きに組み込むのであれば憲法改正が必要になるが、そうではなく、正式の改正手続きの「補助作業」と考えるのであれば、憲法改正をするまでもなく実行できると考えている。後に指摘するが、私は、ここで金森が言っている「補助的な制度」の中には、改正作業の前段におけるイニシアティブも想定されていると考えている。後段におけるレフェレンダムについては憲法第九六条の規定があるが、その前提的な作業としてのイニシアティブについては規定されていないので、これを法律によって制度化するというアイディアは、この金森論文の趣旨と同じである。

さらに、中村哲は、「矢部案」を解説した「憲法改正と天皇制」で、大日本帝国憲法の小幅改正によって議院内閣制を確立し、議会主権、「議会における国王」の主権を実現しようとするが、ヨーロッパにおける民主制の危機から学べば、天皇と国民が一体であり、天皇は、議会と結ばれるのではなく、国民そのものと結ばれることが必要であり、そのためには、天皇に、国民発案（イニシアティブ）と国民投票（レフェレンダム）を直接に国民に問う大権を認め、天皇と国民を直接に結び、一君万民の政治を実現することも考慮すべきである。(29) こうして、国民と直接に結びつく天皇は、日本古来の政治の特徴であり、日本の国体にかなうとしている。(30)

(10) 直接民主主義論に立った憲法研究会の改正案

ここで注目されるのが、高野岩三郎、鈴木安蔵らの憲法研究会が作成した憲法改正案である。[31] この研究会は、「補則」中で改正手続条項を定めた際に、国民投票制度に準じた改正手続きの提案をしたことで有名である。「一、憲法ハ立法ニヨリ改正ス但シ議員ノ三分ノ二以上ノ出席及出席議員ノ半数以上ノ同意アルヲ要ス　国民請願ニ基キ国民投票ヲ以テ憲法ノ改正ヲ決スル場合ニ於テハ有権者ノ過半数ノ同意アルコトヲ要ス」「一、此ノ憲法公布後遅クモ十年以内ニ国民投票ニヨル新憲法ノ制定ヲナスヘシ[32]」ということである。

それだけでなく、研究会案は、改正案の国民権利義務の中に、「国民ハ国民請願国民発案及国民表決ノ権利ヲ有ス」と国民請願権、国民発案権、国民表決権を定めて、ここでいう国民請願の対象となる事項には憲法改正、法律の制定改正および廃止、議会の解散を求めるものも含まれるとしていた。[33] また、「議会」の章に、「議会ハ国民投票ニヨリテ解散ヲ可決サレタルトキハ直チニ解散スヘシ」「国民投票ニヨリ議会ノ決議ヲ無効ナラシムルニハ有権者ノ過半数カ投票ニ参加セル場合ナルヲ要ス」と市民による議会リコールの権利があり、「内閣」の章に「国民投票ニヨリテ不信任ヲ決議サレタルトキハ内閣ハ其ノ職ヲ去ルヘシ」と内閣リコールの権利がある。国民請願、国民発案、国民表決、国民投票、国民解職と表現はややこしいが、要するに、国政のさまざまな部分において、直接民主制的な制度の導入を図っているのである。

この改正案は、当時の学界の水準を反映しているものといえよう。くどいようだが強調しておきたいのだが、一九四五年当時の日本では、直接民主制の表れとしての憲法改正国民投票制度というものは、草案作成にかかわってイニシアティブなどによって民意を問う部分と、完成した草案に関する賛否を問うレフェレンダムとで構成されていると、正しく理解されていたのである。アメリカやスイスの例も、そういう文脈で語られていたのである。

私は、日本における国民投票制の理解については、第二次大戦前からの河村又介の研究、平野義太郎論文、中村哲論文、憲法研究会改正案における各種の直接民主制的な関与の保障は、際立った業績であると思う。日本人は、ＧＨＱの軍人に教えられて初めてこの制度に思い至ったというほどに愚かではなかった。

2　ＧＨＱ内部での憲法改正草案の作成

(1)　ＧＨＱによる改正草案作成の経緯

次に、いよいよ、ＧＨＱによる憲法改正草案の中での憲法改正条項の作成経過についてみてみたい。ＧＨＱの作業は、大略次のように進行している。

① GHQ民政局法規課長のマイロ・ラウエル中佐は、以前から日本の憲法問題を研究していた。まだ、コートニー・ホイットニー民政局長の前任者、ウィリアム・ホイスト民政局長の時期である。ラウエルが、どのような命令に基づいて、どのような権限で憲法問題を調査していたのかは明らかでない。ラウエルは、この研究の成果として、一九四五年一二月六日に、日本の統治構造のあり方を研究して、天皇制を残すことを前提にした国制の改革を提案する報告書[34]（以下、「ラウエル・レポート」と呼ぶ）を提出した。ここでは、議会を通じた憲法改正が構想されていた。

② ラウエルは、遅くも一一月段階から直接、間接に憲法研究会のメンバーと連絡があり、研究会の憲法改正案研究に注目してそれを高く評価していた。研究会は、一二月二六日に憲法改正案を完成させて、その日のうちに内閣とGHQに提出した。GHQはこれを直ちに翻訳し、ラウエルが研究して、一月一一日にその自由主義的な内容を高く評価する詳細なコメント[35]（以下、「ラウエル・コメント」と呼ぶ）を提出した。ここでは、レフェレンダムの採用が高く評価されていたが、研究会案に含まれているイニシアティブの諸制度は無視されていた。

③ 民政局内部での検討は、二月四日にホイットニーが召集した局の会議で始まった。憲法改正条項については、この席で任命された、二六歳のリチャード・プール海軍少尉とさらに年少の「大学を卒業したばかりの[36]」ジョージ・ネルソン陸軍中尉の二人で構成される「天皇・条約・授権条項小委員会」が扱った。小委員会は、二日後の二月六日に、民政局幹部の構成する運営委員会に第一

次案[37]を提出した。そこでは、一〇年間憲法改正を禁止し、それ以降は議会の総議員の四分の三以上の賛成によって改正されるという内容であり、国民投票の制度は採用されていなかった。

④　二月六日の小委員会と運営委員会の合同会議では、行政課長チャールズ・ケーディス大佐から、一〇年間の改正禁止とその後の一〇年ごとの見直しという条項が批判された。また、「憲法改正は議会が総議員の三分の二以上の賛成をえて発議し、選挙民の過半数以上の賛成によって承認されるものとしてはどうか」という意見が民政局政務課長アルフレッド・ハッシー中佐から出された[38]。

⑤　これと時を同じくして、人権条項を検討する人権小委員会から、人権を縮減させるような改正を禁止するという条文が提案された[39]。運営委員会は、人権小委員会との合同会議でこれに反対したが、小委員会側は譲らず、結論が出ないままにホイットニーの裁定に委ねられた。ホイットニーは、人権小委員会が改正問題を扱うことそのものに批判的であったのだろう。彼は、人権の章に置かれた改正禁止の規定は削除して、改正の章に移して一本化したうえで、憲法改正のうちで人権の章の改正に限って国民表決を必要とするという変則的な規定の線で裁定した。

⑥　「天皇・条約・授権条項小委員会」は、運営委員会との討議を踏まえて、また、人権小委員会と運営委員会の論争も受けて、二月七日の小委員会第二次案[40]では、一〇年間の憲法改正禁止という規定を削除するとともに、一般的には議会の四分の三の賛成議決で改正ができるが、それが人権の章である場合にはさらに国民表決で三分の二以上の賛成を得たときに改正が承認されるという制

度を導入した。この案が運営委員会の了承も得て、民政局として最終討議に回された。

⑦　GHQは、二月一二日までにその草案を最終的に決めたが、この最終草案(41)では、改正手続き条項の小委員会案は大きく修正されて、議会の議決が三分の二、国民表決が過半数の賛成で改正が成立するものと緩和された。これは土壇場での大幅な修正である。これの成立過程は後に見る。

⑧　この案が、二月一三日に、日本側に手交された。日本側は翻訳を急ぐとともにGHQに接触して、不明の点を問いただすとともに、日本側の観点からの修正を図った。その折衝を経て、GHQ案を基にした日本政府の「憲法改正草案要綱」が、三月六日に突然に発表された。

(2)　憲法改正手続条項の検討の弱さ

こうした経過を見てまず思うのは、GHQにおける改正条項の討議がいかにも弱体であったということである。改正案の草案の起草者は、二六歳の海軍少尉と、それよりも若年で、ほとんど誰の記憶にも残っていない陸軍中尉であったし、「天皇・条約・授権条項小委員会」は「人権小委員会」におけるベアテ・シロタ（文官）のように、資料整備などを行うために、各小委員会に配属された秘書役のスタッフもいない。プールは日本生まれであったが、日本の憲法の知識に欠けていた。ネルソンは、どういう人物であったのかよく分かっていない。ホイットニーは、プールの誕生日が天皇と同じ四月二九日だから天皇の章を扱えというふざけきった発言をしている。こういう冗談半分の理由で日本の国家元首や憲法改正手続きを扱わせる委員が決まり、天皇制や条約締結権に関する草案の作成とともに憲法改正条項の作成が任されたのである。しかも、この小委員会では、天皇制にかかわる条文案の作成が最大の焦点になっていたし、その部分の表記に関する運営委員会との調整に時間を多くとられて、改正手続条項の検討は小委員会としても副次的な課題の扱いであった。彼らの提案を元に定められた日本国憲法第九六条に従って今日でも改正手続きで苦労している日本が情けない。

小委員会は、一九四六年二月四日に任命されると、運営委員会との合同会議のトップバッターとして早くも二月六日に登場させられている。その様子をそばで見ていたシロタは、会議が紛糾して長引いたと述べているが、[42]主として天皇に関する条文の検討であった。そして、会議の席上では、先にも書いたように、ケーディスが一〇年間の改正禁止規定は将来世代を縛りすぎるとたしなめ、ハッシーが、議会の三分の二以上の賛成で提案され、有権者の過半数以上の賛成で承認されるということではどうか、との意見を述べた。

記録では、改正手続条項に関する検討は以上の二つのコメントに尽きている。時間にすればごくわずかであるし、ハッシーの発言も、上官で運営委員の発言であるから重みはあったのだが、提案とか指示とかいったレベルのものであったとは思えない。通常であればなにか言いそうなラウエルは沈黙したままである。会議の結論も示されていない。

繰り返すが、改正手続条項に関するGHQ内部での議論はこれだけである。GHQ内部で展開された改正案の検討の過程を全体としてみれば、その中での改正手続条項の検討の比重は、いかにも軽い。担当者も、議論も、きわめて貧弱である。四分の三、三分の二、二分の一という数値も、多少なりともその機能を慎重に検討したものではなく、その場の思いつきのままで次々と飛び出しているという印象が消えない。こういう軽さで、日本国憲法の改正の難易が決められ、後に日本がこれに苦しむのは、いかにも残念なことであるし、こういう軽さでばたばたと決まったことの中に、人類社会の叡智を見て取ったり、近代立憲主義の精髄を感じ取ったりする、矜持なき憲法学者の自分勝手な解釈の横行も残念である。

(3) 小委員会の「議会の専権による改正」という提案の背景

ここで、起草を担当した小委員会は、なぜ、第一次案の提案をしたのかについて、若干の推察をしてみたい。従来の憲法史の研究では、この部分は抜け落ちているからである。

それは、若い下級将校である軍人が、それまでの自分の軍務、軍歴とまったく無関係の作業を命じられたとき、どのように対応するのかを、広く常識的に考えてみたいということでもある。彼らは、法制局官僚でもなければ、憲法学者でもない。憲法改正条項の作成がこういう若い素人にまかされたということを、大きな構造の中のひとこまとしてどう考えるのか、ということである。

ここでは、軍人の思考パターンを重視したい。軍人は、戦訓と教範の中で仕事をする職業である。

ごくまれに、軍事的な天才がそれまでの常識を破る新しい戦略、戦術を考案することがあるが、多くの場合、軍人は、過去に縛られて物事を考える。「軍人は過去の戦争を戦い、天才は未来の戦争を戦う」という言葉がある。プールとネルソンは、自分の不得手とする仕事を行うのであるから、この、軍人らしい思考のパターンを働かせたに違いない。

そうすると、彼らの周辺には、どのような「戦訓」があり、どのような「教範」があっただろうか。当時のＧＨＱ内部に関する記録によれば、この小委員会は参考にできた資料はごく少ない。わずかに、英訳された憲法研究会案、同じく英訳が進行していた松本委員会案、一九四五年一二月六日のラウエル・レポート、四六年一月一一日の憲法研究会案へのラウエル・コメント、アメリカ本国から送られてきた正式決定以前のＳＷＮＣＣ二二八号文書案[43]だけである。このうちラウエル・コメント、ＳＷＮＣＣ二二八号文書案の二通は教範、指示書に近い存在である。また、松本委員会案の英訳は進行中で、これに対するＧＨＱの否定的なコメントはまだ書かれていない段階だから、参照のしようもない。

これに加えて、もちろん、各国の憲法が実際にどう定められているのかという実例の資料が必要である。これは、いわば「戦訓」に該当する先例で、軍人は、特にこうした過去の先例を重視する。そこで、プール、ネルソンが見ることのできた憲法はどれか、ということになる。このことは、ＧＨＱが日本国憲法の草案を作成する際に、どの国の憲法を参考にできたのかという広い疑問につながる。参考までにいえば、松本委員会は、東大出身の俊英の努力によって、数十ヵ国の憲法について、常に参考にしながら作業を進めていた。

一方、GHQはどうだったのであろうか。この点については、二月四日に、都内の数ヵ所の図書館を巡って、一二ヵ国の憲法を入手したというシロタの自慢話が残っている。シロタの発言は、数十年後のものであり、さまざまな意図の渦中で、その記憶もしばしば微妙に変化するので、一二ヵ国の憲法を集めてきたという話しも多少割り引かねばなるまい。シロタが調達してきた憲法は「アメリカ独立宣言、アメリカ憲法、マグナカルタに始まるイギリスの一連の憲法、ワイマール憲法、フランス憲法、スカンジナビア諸国の憲法、それにソビエトの憲法……」(44)であるという。もし本当にこの記憶が正確だとすると、GHQは、シロタが東京の図書館で調達するまでは自国アメリカの憲法も持っていなかったことになる。また、シロタはイギリスの一連の憲法を調達したと述べているが、イギリスには憲法典がないのだから、調達したのは、多分『イギリス憲法』という題名の学生向けの解説書の類ででもあったのだろう。

当時、GHQ内部では、もう一人、ミルトン・エスマン陸軍中尉が東京大学の蠟山政道から借りた各国の憲法に関する資料が数冊あった。だが、エスマンはこれを彼自身だけの秘密資料として独占的に使っていて、他の者には利用の機会がなかった(45)。

そうすると、プール、ネルソンが利用できた憲法はシロタの集めてきたものだけで、それを短時間で見るという、きわめて限定的なものであったことがわかる。プール、ネルソンが、ドイツ語、ロシア語、スカンジナビア諸国の言葉に通じていたかも疑わしい。つまり、「天皇・条約・授権条項小委員会」が各国の憲法を参照にすることは難しかったのである。

このように戦訓、教範がともに乏しいとき、軍人であるプール、ネルソンがどのように困惑したであろうかは想像できる。二六歳の若者は、当然、上司のアドバイスを求めることになる。私は、彼らはラウエルの指示を求めたと思っている。そういう彼らが作成する草案がラウエル的なものになるのも想像がつくところである。

小委員会が提出した第一次案には、基本的にはSWNCC二二八号文書が指令している通りに、「議会に代表された国民の自由な意思表明」による制度の決定という原則が盛りこまれるとともに、四六年一月一一日付のラウエル・コメントで上司のラウエルが高い評価をした憲法研究会の改正案が提案している「一〇年以内の見直し」というアイディアに近い、「一〇年間の改正禁止と一〇年後に見直し」という内容がある。ラウエルは、実際に小委員会が研究会案をヒントにしていたと認めている。(46) また、研究会案は、議会では三分の二以上の出席で過半数の支持があれば改正できるとしていたのに対して、小委員会では三分の二以上の提案で四分の三以上の承認という提案になっていた。さらに、研究会案は、当分の間は国民投票制度の導入を見送ったのであるが、小委員会案も、国民投票については触れていなかった。

(4) 民政局法規課長ラウエル陸軍中佐の働き

GHQ民政局で、以前から憲法改正問題についてもっとも重要な仕事をしていたのは、民政局法規課長のラウエルであった。ラウエルは、GHQの改正案作りでも運営委員として大活躍している。ここでラウエルについて見ておきたい。

ラウエルが一九四五年一二月六日に提出したラウエル・レポートでは、天皇は社交的君主とされ、従来は天皇の側近として支えた内大臣府と枢密院は廃止され、天皇に接触する人間は国会議員の一部と高級官僚の一部に制限されることになっていた(47)。また、憲法典がすべての国家権力をコントロールする成文憲法主義(48)の採用を求め、議会制民主主義を通じた、国民に対する責任を自覚した国政の展開を要求している。

ラウエルは、そのためには、大日本帝国憲法の全面的な改正(complete revision)が必要であり、こうした政治システムの変更とともに、市民の権利に関する条項の拡充、とくに、自由権、財産権、刑事人権、奴隷的拘束からの自由の強化も求めている。また、地方自治を憲法上保障するアイディアもここで示されている。

ここでラウエルが指摘した多くのポイントは、後のGHQ草案に採用されている。その意味では、このラウエル・レポートは、日本国憲法の原基となったといえる。ただし、ラウエル・レポートは、憲法改正問題を検討する課題を命じられて実行した結果の報告書ではなく、日本の統治機構の改革を検討して答申する報告書であり、その内容が、たまたま、憲法改正を求める意見具申になっているというものである。

ラウエル・レポートは、憲法改正条項については、次のように考えていた。まず、当時の大日本帝国憲法では、憲法を増補改正（amend）し、あるいは部分改正（alter）することへの、市民の中での権力（authority）が欠落している。しかし、憲法は市民の代表者の同意を求める手続きによってのみ改正できるのである。この旨の条項を改正憲法に盛り込むことが必要である。立法府は、憲法の改正を承認（approve）する専権的（exclusive）な権力を有すべきである。

つまり、ラウエルは、憲法の改正は、天皇と行政府が提案し、「市民の代表者」である議会が、その議決で承認すべきものと考えていたのである。このときのラウエルは、議会制民主主義をそのままストレートに主張しており、議会の専権的な権限を求めているのであって、国民発案（イニシアティブ）や国民表決（レフェレンダム）は念頭にない。

ラウエルのこのような見解は、ＳＷＮＣＣ二二八号文書が憲法改正問題について指令した部分、「憲法の改正を含み、代表制の立法府によって承認された法案について、他のいかなる機関も臨時の拒否権しかもたないものとして、かつそのような機関は予算案について唯一の権限をもつものとする」(49)にピッタリと対応している。

(5) ラウエルと憲法研究会との密接な関係

ラウエルは、このレポートの中で、レポートの基礎になったドキュメントは、「一部は個人に面接して得たものであるが、多くは文書化されているものである」と述べている。一見すると別の入手経路のように見えるが、軍人のラウエルに、ほかに憲法関係の文書を得る可能性があったとは思えない。つまり、ラウエル・レポートは、憲法研究会関係者との面談と、彼らを通じて得た文書類によっているると考えたほうが自然である。そう解すれば、ラウエルが、今後、日本の国家制度の改革については、「日本人の憲法の権威、特に自由主義的傾向を有すると知られている人々と会議を重ねて、さらに調査を進めることを強くすすめる[50]」と書いていることもうなずける。ラウエルは、この後、実際に、日本人の憲法専門家と会っていて、その中に、高野、鈴木らの憲法研究会グループがいた。つまり、遅くも一九四五年一二月までには、ラウエルは、憲法研究会のメンバーとは十分な面識があったのであり、この研究会がどのような改正案を作成するのかは十分に予測していたし、多分、事前に、さまざまな意見交換もしていたと思われる。

憲法研究会のほうも奇妙な動きを見せる。一二月当時は、憲法問題は発議権のある天皇と政府が扱うべき事項であって、民間で改正案を作成するということ自体が、日本国内ではほとんどの人間の考えつかないアイディアであった。実際、この時期の日本で、民間で憲法改正案を作ってみようと思い立った者は、多く数えても八〇〇〇万人の中の二〇人程度であったろうか。

後の時代になって、憲法史は、日本国憲法は押し付け憲法だという非難に対抗して、日本の社会にも、現憲法に近い憲法構想があったことを強調して、民間の憲法草案に触れることを好むようになったが、実際には、長年の大日本帝国憲法の経験が重くのしかかっていて、市民が憲法を発案するとか、市民が主権者として国民表決で憲法を決定するなどといったアイディアに飛躍できたものはごく少ない。

ＧＨＱが日本の憲法問題に深い関心を持っていることは、近衛の一件もあって理解されていたが、日本側の、それも民間で作成される改正案の条文にＧＨＱが関心を持っていたということは、ＧＨＱ側からの情報のリークがなければ、到底想像できないことでもあった。

この時期に、憲法研究会は、憲法改正案を作って、それをその日のうちにＧＨＱに提出するという、後の時代から見ればまさにピンポイントで正鵠を射た行動をしたのである。この行動が適切すぎる。何か特別の事情がない限り、当時の日本人は、こういう行動を思いつくことはない。それがなされた背景には、研究会とラウエルとの密接な連携があり、多分、ラウエルの側からの改正ポイントに関する示唆、指導があり、研究会としては、自分たちの改正案を少しでも早く真の権力者に見てもらいたいという思惑があったと思われる。ＧＨＱに憲法改正案を直接に届けたのは、日本中でこのグループだけであったという特殊な事情は軽視できるものではない。

以前に、憲法史研究者の古関彰一は、ハッシーの残した「ハッシー文書」の中に「日本人が書いたとしか考えようのないペン書きの和英両文の『憲法草案要綱』が『憲法草案綱』として入っている」のを発見し、最近、小西豊治は、それが憲法研究会の杉森孝次郎の作であると推測した(51)。この文書には「昭和二〇、一二、二七発表」という日付もついている。憲法研究会は、GHQには日本文の改正案を届けただけであるといっているが、それでは、英文の文書の存在が説明できない。研究会は、実際には、サービスよく、英訳を添付したのであろう。この研究会のメンバーは、GHQ関係者との関わり合いを歴史に対して過少申告しているようである。

このグループには、ラウエル以前の時期からも、GHQ関係者が接触していたが(52)、これらの人々やラウエルは、研究会関係者に対して、GHQの方針である徹底した憲法改正の必要性を示唆していた。このアドバイスに依拠して研究会が思い切った改正案を作ると、ラウエルはそれを高く評価した。簡単にいえば、憲法研究会の憲法改正案は、日本の社会でもGHQの考え方に近いこれほどすばらしい改正案が作られているというGHQの自作自演の筋書きで使われる運命にあったのだと思う。こう考えれば、GHQで、年末年始の休暇中に研究会案の大急ぎの翻訳が進められた理由や、これに関するラウエル・コメントが超特急で作られた理由も見えてくるし、研究会案とラウエルの考えの不思議な符合も、研究会案がラウエルに影響したという見方だけでなく、ラウエルの考え方が研究会案に影響したという見方からも理解できるようになるのである。

ここで、一九四六年一月一一日のラウエル・コメントの内容に移ろう。ラウエル・コメントは、憲法研究会案が、憲法改正には国民投票が必要であるとはっきり書かずに、一〇年以内に実現したいとしたことには不満のようである。研究会の側では、国民投票をすれば未成熟な国民が間違った天皇制擁護の判断をするかもしれないと恐れていたので、国民投票を伴う憲法改正は一〇年後という苦肉の策に出たのに、ＧＨＱはそんな危惧の念はお構いなしで、ラウエル・コメントは、あっけらかんと国民投票制度の即座の採用を主張している。

以前に、ラウエルは、彼が執筆したラウエル・レポートでは、保守的な議会制民主主義による立憲君主制の立場から、ＳＷＮＣＣ二二八号文書の基本線のままに、議会だけで完結する改正手続条項の改正案を提唱していたのであるから、ラウエル・コメントのこの部分がラウエルその人の考えを写しているのだとすると、ラウエル・レポートからわずかに一ヵ月のことであり、ずいぶん急な舵切りといえる。あるいは、誰か他の人間がここに介入したのかも知れない。

ところで、ラウエル・コメントは、皮肉なことに、憲法研究会の直接民主主義の考え方を十分に理解できていなかった。すでに指摘したように、憲法研究会の改正案は、直接民主制に関する日本の学界の理解の水準を反映して、憲法改正についても、草案作成段階での憲法請願、憲法発案、憲法改正に関する選挙など、改正案作成の中での民意の反映を全体として制度化するように提案し、あわせて、改正案完成後の国民表決をも制度化しようとするものであった。ところがラウエル・コメントは、このところで誤解して、研究会案は、改正過程の最後の段階での国民表決を主張しているだけのものとしたうえで、憲法改正は「国民の過半数の投票による承認をえて初めて有効になる」という改正案をほめている。この辺は、にわかに直接民主制主義者になったGHQの限界であったのだろうか[53]。自分たちの貧弱な理解力のレベルで、研究会案の豊かな内容の直接民主制論を貧弱なレフェレンダムの主張と誤解して、それをほめてしまったのである。

ここで、ラウエル・コメントのミスをわざわざ取り上げるには理由がある。この、一一月一一日のラウエル・コメント以降は、GHQ内部での改正案の検討に際しては、憲法改正手続きとしてはもっぱら改正案確定後の国民表決（レフェレンダム）だけが問題にされ、事前の国民発案（イニシアティブ）や国民請願など、市民の意向を生き生きと取り込むのに必要な各種の制度については、まったく議論がされていないのである。

一九四五年一〇月の段階では、GHQのアチソン大使は、イニシアティブという具体的な言葉を使ったかどうかははっきりしないが、国民発案と国民表決の併用に理解があったし、それの活用を日本側に指導した。そういうGHQであったのに、これをレフェレンダム一本という考え方にしてしまったのは、ラウエル・コメントである。プールたちの小委員会は、改正条項における市民の参画について、ラウエル・コメントの判断枠組みにそって、国民投票だけに固定化して検討した。これが原案になったので、それ以後のGHQの議論の枠も事実上決まってしまった。

ラウエル・コメントにおける誤解は、日本側にあった直接民主制の議論を切り捨ててしまった。そのギャップを見抜けなかった点に、二〇歳代の若い軍人二人の知的な限界があり、こういう人間に検討させたGHQの人的な限界があった。もの悲しいエピソードである。

(6) 小委員会報告書の作成

先に書いたように、「天皇・条約・授権条項小委員会」は、第一次案の作成にあたって、ラウエルの指導を受けたものと思われる。上に述べたように、ラウエル自身も、一〇年間の憲法改正禁止という条文は、憲法研究会の改正案にヒントを得て作られたと説明している。小委員会による第一次案作成の経過、裏事情を知らなければできない説明であるから、ラウエルがそれにかんでいたと推察できる。また、小委員会と運営委員会の合同会議でラウエルは、憲法改正問題については沈黙しており、ケーディスのように批判するでもなく、ハッシーのように代替案を出しもしなかった。これも、ラウエルが小委員会案の指導者であったとすればよく理解できよう。

次に検討すべきなのは、GHQ草案の最終的な確定の段階である。GHQでは、憲法の各章を担当した小委員会からの改正案の報告書を四六年二月九日までに一応提出させて、その日の夜から、運営委員会において最終的な調整に入った。

「天皇・条約・授権条項小委員会」は、六日の運営委員会との協議を経て、報告書から、ケーディスが主張したように一〇年間の憲法改正を禁止する条文は削除したが、今度は、憲法改正が人権保障の章に及ぶときは国民表決を経なければならないという条文が加わったのである。

GHQ内部では、各小委員会の報告書作成については、小委員会と運営委員会の合同会議で逐次に検討してきたが、その席では文面に至るまでの結論が決まったのではなく、その後も連絡と調整が繰り広げられた。ホイットニー民政局長の部屋に陣取った運営委員会のメンバーのところに、各小委員会のメンバーが次々と出入りして、検討しては修正するという作業の繰り返しであったと報じられている[54]。この中に、「天皇・条約・授権条項小委員会」のメンバーも含まれていたのであろう。行ったり来たりの中で報告書が作成されている。

ここで注意しておきたいが、この小委員会報告書では、二月七日の会議の席上でハッシーが述べた全面的な国民表決制の導入という意見は採用されなかった。これについては、ハッシー自身もこの段階で了解していたものと考えられる。小委員会はハッシーの意見を採用したと理解するのは誤りである[55]。

この小委員会報告については、数年前に、高橋正俊「日本国憲法改正規定の背景」によって興味ある推測がなされている[56]。高橋によれば、ホイットニーが、人権の章にあった改正禁止条項を改正手続きの章に移して、絶対禁止ではなく、人権の章の改正に関してはレフェレンダムによる国民の承認を条件とするところまで緩和して採用した。ただ、その際に、レフェレンダムでは三分の二以上の賛成を要することにして、改正のハードルを高く設定したというのである。この推測は基本的に正しい。

この指示に基づいたのが、小委員会の報告書である。したがって、改正条項に関する小委員会報告書が作成されたのは、人権小委員会と運営委員会の論争がホイットニー裁定で決着したあとのことだから、二月九日であると思われる。

(7) 草案の最終段階における大修正

ところが、改正手続条項は、四六年二月九日夜以降のホイットニーと運営委員会の協議を経て、一二日までに、全面的な国民表決制の採用という内容に劇的に変更された。国民表決における可決の要件も、三分の二ではなく過半数の賛成になっている。この大修正はなぜ起きたのだろうか。細かい話しであるが、検討しておきたい。

二月九日以降の運営委員会による検討と、その場での修正点については、「修正された各小委員会の原案に対する運営委員会による検討」という民政局のメモがある。(57)これは、詳細にこの段階での修正点を記した記録であるが、その中には、改正条項に関する修正の記述はない。つまり、運営委員会は、二月九日の、「天皇・条約・授権条項小委員会」第二次報告書をそのまま承認したのである。

ホイットニーは、二月一〇日に、運営委員会を通過した草案をマッカーサーに提出して、その検討と修正の指示を求めた。これを受けて、マッカーサーは、翌一一日の夜にホイットニーと会い、この憲法改正草案について、ただ一ヵ所の修正を命じたほかは全面的に承認した。この一点が何であるのかについて、以前は、民政局の記録に「それは、権利章典を害ね、または変更する憲法の改正を禁ずる、という條項であった[58]」とあるところから、人権の章の中での改正禁止規定であると推測されていた[59]が、むしろ憲法改正の章の中での人権の条項に関する改正国民表決の規定であろうという高橋の推測[60]のほうが正しいと思われる。

ところで、この段階で、民政局の内部で、もうひとつ、奇妙なことが起きている。この時期に、GHQでは、憲法草案の作成と平行して、二月六日に非公式に提出された日本政府の憲法改正案に対するコメント作りを進めていた。このコメントは、日本側に対して、どういう理由で日本政府案は受け入れがたいのかということを説明するための資料であり、これを突きつけておいてから、それに代えてこういう案ではどうか、として示すのがGHQ草案であるから、両者はセットである。当然のことだが、その内容は、ホイットニーが裁定して決定した二月一〇日段階でのGHQ草案に盛り込まれた内容と平仄を合わせて、そっくり同じになっていなければおかしい。

この文章、「民政局長宛て覚え書き[61]」の作成担当は、草案作りの手が空いたガイ・スウォープ海軍中佐、サイラス・ピーク（文官）、フランク・ヘイズ陸軍中佐の民政局幹部三人であり、二月一一日に完成し、一二日にケーディスが承認して、ホイットニーに提出された。このコメントは、日本政府の改正案に盛り込まれるべきであったのに、そうなっていない問題点を以下の一〇項目にわたって記載している。

1　ポツダム宣言第一二項が要求する明確な国民主権の確立
2　主権者である国民に対してのみ責任のある政府
3　国民代表議会の設置と国家財政、皇室財政に関する完全なコントロールの権限
4　日本国内に居住するすべての人間に保障される権利章典
5　市民の自治権
6　国民の意思を完全に反映する憲法制定及び改正手続き
7　議会の立法に対する政府の拒否権の否定
8　議会の自主的な召集
9　議会の不信任による内閣の総辞職か解散
10　天皇のすべての国事行為に関する内閣の助言

これらはいずれも同日に確定したGHQの日本国憲法草案に盛り込まれている内容であり、とくに目立つ違いはない。改正手続きに関しては、第六項目として「国民の意思を反映する憲法改正手続き」であるべきことが挙げられている。

ところが、この文章には一〇項目の各々に説明文がついている。改正条項については第六項目に関する次の説明である。「現在の憲法及び提案されている改正案では、議会を通過したいかなる増補改正についても、天皇が『裁可』する権限を持ち、それゆえに、拒否する権限を持っている。市民は、

選挙で議会に選出されたメンバーの行動を通じて、増補改正の発議と決定に関する完全な権力を持つべきである。この点における天皇の行為は、形式的な公布行為に限定されるべきである。」

これは、目を疑う内容である。「市民は、選挙で議会に選出されたメンバーの行動を通じて」増補改正の発議と決定に関する完全な権力を持つべきであるとしているのであるから、この報告書は、憲法改正について、SWNCC二二八号文書の基本線そのままに、議会の専権を主張して、国民投票をまったく要求していないのである。

コメントの作成は、運営委員会の憲法草案の最終検討と併行して行われていた。当然そこには、民政局作成の改正草案が渡っていたであろう。スウォープら三人の民政局幹部は、国民投票不要論の改正案に基づいてこの報告書を書き、ケーディスがそれを承認していたということになる。国民投票制の採用が一一日以降の追加的な修正であって、ケーディスのような民政局の幹部でさえ、その事情を知らされていなかったということを物語っている。

(8)　土壇場での修正を求めたのはホイットニー民政局長

それならば、人権条項の改正に関する国民表決という改正案をマッカーサーに斥けられたときに、ほとんど直ちに、すべての憲法改正に及ぶ国民表決という改正案にまとめたのは誰か、という問題点が生じてくる。憲法改正国民投票という制度は、当時の各国の憲法ではごく例外的なものでしかなかったし、GHQの幹部がそういう実例を知っていたのかも疑問である。また、それは、「議会に代表される市民の自由意思による改正」というSWNCC二二八号文書が命じている線からすると逸脱でもある。それなのに、土壇場で全面的な国民表決制の導入を決め、マッカーサーの承認を得た人間となると、それはホイットニー以外にはありえないのである。

ホイットニーは、四六年二月四日に憲法改正案の作成を命じた後は、作業をケーディス以下に任せていたが、一方で、マッカーサーとは連日、長時間にわたって協議していたし、二月九日からの運営委員会による最終調整の局面では、体調がよくなかったのに、それをおして会議に参加して活発に意見を述べたと伝えられている。(62) 思い起こせば、改正案作りの始めの段階で、マッカーサー・ノートを文書にしたのもホイットニーである。憲法には並々ならぬ関心と知識を持っていた人物でもある。

ホイットニーの経歴についてはよく知られている。彼は、一〇年以上マニラで弁護士を開業していたが、東アジアの様子が不穏になった時期に戦乱を避けて家族とともにアメリカに引き揚げ、第二次大戦中に軍務に服してオーストラリアにあったマッカーサー司令部に勤務するようになり、フィリピンの抗日ゲリラ戦の指揮を取り、一九四四年一〇月二〇日にマッカーサーとともにレイテ島に上陸し、フィリピン奪還後はフィリピンの軍政を扱い、日本が降伏すると、マッカーサーとともに厚木飛行場に降り立って占領軍の幹部としての活動を始めた。まさに、マッカーサーの側近中の側近であり、九月二日の戦艦ミズリー号での降伏式典におけるマッカーサー演説の原稿もホイットニーが書いている。

ホイットニーは、その後一時フィリピンに戻った。フィリピンは、以前はアメリカの植民地であったが、独立の機運が高まり、アメリカは、フィリピンの独立を認めて、独立後の国家制度を定め、植民地から独立国家に移行するプロセスを定めた一九三五年憲法を制定した。(63) 植民地の憲法であるから、これは、アメリカの連邦議会で承認されたアメリカの国内法である。ホイットニーは、マニラの弁護士として、この経過をよく知っていたし、アメリカの議会が議決した法律であるフィリピン憲法についても熟知していた。

その後、この一九三五年憲法は、一九四一年にフィリピンに侵略した日本軍によっていったん破棄され、一九四三年憲法という日本軍による「押し付け」憲法が強行されたが、もちろんこれは一九四五年に無効なものとされ、改めて、一九三五年憲法に戻ってそれに基づく制度の移行と権力の移管が再開された。ホイットニーは、フィリピンに戻って、この移行過程の指揮を取ったのである。

ホイットニーは、その後日本に移り、四五年一二月一五日に民政局長に任命されたが、同時に、フィリピンにおける仕事も兼務の形で続けていた。私は、当時のホイットニーは、両国の憲法に深い関心があったと考えている。GHQのホイットニーの執務机の上には、フィリピン一九三五年憲法がなければ仕事にならない。

もっと大胆に推測するならば、いや、これはほとんど私の想像に近いが、四六年二月一一日の夜、GHQ内のマッカーサーの執務室で、こんな会話があったのではないか。

ホイットニー「閣下、本日、私どもの局が行ってきた憲法改正案作りの作業がやっと完成しましたので、閣下のご承認をいただきたいと思います。」
マッカーサー「激務をこなしてくれて、ご苦労であった。民政局のスタッフにもねぎらいの言葉をかけてほしい。この改正案はいいものだと思う。私からいいたいことは一ヵ所だけだ。この、人権条項の改正に関する国民表決という制度は問題だ。君のせっかくの苦心の裁定だが、認められない。」
ホイットニー「分かりました。削除します。ただ、そうしますと、憲法改正が、国会の両院の三分の二の賛成だけで可能になり、いささか軽きに失すると思われます。わが軍が撤退したら、日本の保守派の連中はあっという間にもとの憲法に戻してしまうのではないでしょうか。心配です。この部分は、削除するだけで宜しいのでしょうか。」
　マッカーサー「何か君に考えはあるのか。」
　ホイットニー「国民表決という制度をむしろ広げて、あらゆる改正の場合に過半数の賛成を要求するというのはどうでしょうか。この制度は、諸国の憲法改正の手続きではごく例外的にしか認められていませんし、私もよく知りません。ですが、閣下も良くご承知の一九三五年フィリピン憲法にはあります。この、フィリピン憲法の国民表決制度に似せて、憲法のどの部分の改正にも国民表決による直接の支持が必要だという制度にすれば、日本の保守派の逆襲を阻止できると思われます。SWNCC二二八号文書からは多少ずれますが、もともとフィリピン憲法は、ワシントンの連邦議会を通過したアメリカの法律なのですから、これに似せて作ったときにワシントンから文句が来るとも思えません。」

マッカーサー「なるほど。連邦議会の権威で国務省に対抗するのは面白い考えだ。それでは、この問題は、あとは君に任せるから、今いったような内容でまとめてもらいたい。」

ホイットニー「分かりました。そうさせていただきます。日本がフィリピンの例にならったと知ったら、閣下のご友人の極東委員会のコンフェソール氏にも喜んでもらえると思います。それでは、この点を直すということで、残りはご承認いただけますか。」

マッカーサー「承認する。」

こうした会話がなされたであろうのは、二月一一日の深夜である。ホイットニーは翌一二日にマッカーサーにメモを送り(64)、マッカーサーが問題にした条文は、実は運営委員会のアイディアではなく、人権小委員会からの提案であって、運営委員会側としては、内心は反対していたのだという内幕を暴露している。ホイットニーがマッカーサーの最終的な承認を取り付けるために執務室に入っていた一一日の夜に別の部屋で待機していた運営委員会のケーディス、ラウエル、ハッシーの三人は、できあがった改正案についての感想を述べあい、人権条項に限った国民表決という制度は出来が悪い弱点だという意見であった。そこに、ホイットニーがマッカーサーの執務室から退出してきて、これが削除され、あらゆる改正に国民表決での賛成が必要だという内容に修正して、修正はこの一点だけで、全項目に総司令官の承認を得られたと説明したので、一同は大いに喜んだ。ホイットニー・メモはこう述べている。

このホイットニー・メモは、憲法第九六条の原案がどこで、いつ、誰によって考案されたのかを明らかにしている。憲法改正条項は、ホイットニーがマッカーサーの承認を求めて改正案を執務室に持っていった段階では人権条項の改正に限って国民表決という案であったが、許可を得て執務室から退出するときには、あらゆる改正に国民表決という案に変わっていた。マッカーサーとホイットニーの二人だけの議論であってこれを裏付ける証拠となる書類は一切残っていない。ただ、以前のマッカーサー・ノートの場合もそうであったのだが、この二人の議論で何事かが決まると、それを文書化するのは、いつもホイットニーの側の仕事である。このときが例外であったと思わせる資料はもちろんない。そこで、憲法第九六条の原案を書いたのはホイットニーであると考えるのである。

従来の憲法制定史研究が指摘している、憲法第九六条は二月六日の会議におけるハッシー提案が採用されたもの、という理解は誤りである。日本国憲法第九六条の最初の草案が作られたのは、一九四六年二月一一日夜であり、場所はGHQのマッカーサーの執務室であった。作成して文書化したのはホイットニーであり、マッカーサーはその場で承認した。私の推測する改正条項誕生のドラマはこのようなものである。

(9)　ホイットニーが参考にしたフィリピン憲法

ここで、改めて、憲法改正条項における国民投票制について諸国の事例を考えてみよう。GHQ草案によって、国民表決という案が衝撃的に示されたときから、日本側は大急ぎで比較憲法的な研究をして、おおむねの意見は、スイスとアメリカの州の憲法改正手続きにおける国民（住民）表決制に近いという指摘になった。だが、先に指摘したように、GHQが参考にできた資料は極めて乏しく、スイスの憲法については、シロタの自慢話にも出てこないし、民政局に置かれていたと考えることはできない。アメリカの州の憲法にいたっては、民政局にあったという記録はないし、そもそも、これを探したという記録もない。

すでに指摘したように、軍人は、こういうときに、戦訓も教範もないままに、うろ覚えでは仕事をしない。もしここで、GHQ民政局幹部の出身州の憲法に住民投票の手続きがあるからそれに従ったのだなどといいだすのであれば、それはもはや笑い話の領域になるであろう[65]。

不思議なのは、スイスにしても、アメリカの州にしても、民意を問うならば草案作成過程のイニシアティブからという常識が働いているのに、日本国憲法にはそれがなく、とても中途半端な国民表決制になっていることである。スイスやアメリカを参考にしたのであれば、なぜこのように食い違っているのであろうか。

さらにもう一点の疑問がある。ＧＨＱ草案においては、憲法改正手続きは、「議会の特別多数決プラス国民表決」という内容である。諸外国では、改正手続きは、「議会の特別多数決」か「単純多数決プラス国民表決」という方法にするのが普通である。この点でも、日本国憲法はスイス、アメリカのモデルとは違う。

それならば、小委員会は、戦訓、教範から外れて、独自の見解で突っ走り始めたのであろうか。航空母艦勤務が長かった二六歳の下級将校は、そんなに大胆になれない。そういう発想は、下級将校のものではないのである。私は、憲法第九六条のモデルはアメリカとスイスという考え方に組みすることはできない。ＧＨＱには、もっと別の、日本国憲法第九六条がモデルとした、それにそっくりの戦訓、教範があったと考えるほうがよい。

すでに指摘したように、できあがったＧＨＱ草案の改正条項は、フィリピン憲法に似ている。議会が四分の三の議員の賛成で発議というフィリピン憲法を三分の二の議員の賛成で発議に変えたほかは、表記までよく似ている。たとえば、小委員会の第二次案では、国民投票は、「有権者（Electorate）による承認（ratification）」とされていたものが、フィリピン憲法と同じ、「市民（people）による承認（ratification）」という表現に変わった。有権者の投票であれば、憲法に基づいて形成された有権者団という国家機関の権限のひとつになってしまう。これでは、国民主権ではなくなってしまう。私は、ＧＨＱの憲法改正手続条項は、フィリピン憲法をモデルにした、ホイットニー作のものと思っている。

フィリピン憲法については、日本ではほとんど研究されていない。日本の隣国であるのに、不思議なことである。その中で、中川剛『憲法評論』[66]は、この国の憲法史を丁寧に洗い出し、アメリカによる、太平洋諸国へのアメリカ利権主義の押し付けを描きだしている。中川は、ハワイへの侵略と併合、フィリピンへの侵略と併合、日本の占領に関する論稿を集めて、『太平洋のアメリカ憲法』としてまとめる予定であったそうだが、残念ながら中川の逝去により未刊である。しかし、そこに至らなくとも、中川の研究は十分に示唆的である。

ただ、きわめて残念なことに、中川は改正手続きに関して興味がなかったのか、ほとんど検討の外においていたようで、フィリピン一九三五年憲法を紹介する際にも、「議会の特別多数決プラス国民表決」を義務づけるという特別の形であることや、それと同じパターンの改正手続きが日本国憲法で採用されていることの意味については、まったく触れていない。中川は、日本国憲法第九条とフィリピン憲法の類似性を指摘しているが、この、改正手続条項における類似性も指摘できていたら、その主張はさらに説得力を増したであろう。中川は、この憲法改正条項の隠されたモデルの発見という功績を取りこぼしたのであるが、それを拾い出した私としては、そもそもフィリピン憲法に関心を持たせてくれたことも含めて、中川に感謝している。

(10) 極東委員会のかかわり

なお、この時期、日本の占領管理について最高の権限を持つ連合国の極東委員会が立ち上げられている。委員会は、一九四五年一二月二一日に第四作業委員会の会議を開いて「憲法改革」について討議したが、その席でも、日本人の自由な意思を表明させたときについての危惧の念が示された。イギリス代表のフレデリック・エヴァーソンは、日本人は「多くの好ましくない原則をもつ憲法への欲望をたぶんあらわにするだろう」[67]と述べている。そして、こういう危惧の念を持ちながら、四六年一月に、極東委員会は代表団を日本に派遣した。代表団は、一月一七日にＧＨＱと協議している[68]。また、一月二九日には、マッカーサーとも会見し、憲法問題に関する説明を受けている。

この代表団でとくに注目されるのは、極東委員会のメンバー国であったフィリピン代表のトーマス・コンフェソールである。彼は、輝かしい抗日ゲリラ活動の闘士であった。マッカーサー、ホイットニー、チャールズ・ウイロビーらのＧＨＱ首脳と親しいといわれているが、とくに、フィリピンのゲリラ戦の指揮を執ったホイットニーとの交流は深い。そして、コンフェソールは、一月一七日の会議で、日本の憲法問題に対するＧＨＱの取組みを問いただした。また、一月二九日のマッカーサーとの会談においても、憲法問題に言及したと思われる。このコンフェソールの働きかけが直接のきっかけになって、ＧＨＱは、ほぼ内容が予測されていた松本委員会の改正案を退けた後に、日本側に再度の提案をさせるのではなく、極東委員会に権限が移ってしまう前にＧＨＱで憲法改正草案を作成して日本側に渡して、日本側の改正案として発表させるという裏技の政策に転換することになった。民政

局は、憲法問題に関するマッカーサーの権限を立証する文書を作成し、また、実際に、憲法草案の作成に入ったのである。(69)

GHQやマッカーサーとコンフェソールの会話の中には、両者が共通に知っている憲法として、一九三五年のフィリピン憲法の話題も出ていたことであろう。フィリピン憲法はアメリカの連邦や州の憲法を参考にして作成されたアメリカの国内法であるから、それに、アメリカの州憲法における住民投票制度の考え方が影響したことはありうるのであって、その限りでは、日本国憲法第九六条は、フィリピン憲法を通じて間接的にアメリカの州憲法の影響を受けているといえなくもないが、これはあまりにも弱々しい論拠である。

3　GHQ草案の受諾と日本国憲法改正案の作成

(1)　GHQ草案に対する松本委員会関係の憲法学者の意見

こうして日本側に引き渡されたGHQ草案は、どのように受け止められたのであろうか。まず、松本委員会の関係者が、絶望と怒りにとらわれたことはいうまでもない。河村又介は、四ヵ月後の一九四六年七月に、『憲法改正の諸問題』(70)を公刊した。この中で河村は、発表された政府案を見て「私自身もそれを見て面喰つてゐる有様であります」(71)、「これは果して日本人が日本語で書き下ろした文章であらうかと疑はれる位です[72]」、「マックアーサー元帥が此の草案を深い満足を以て全面的に承認してゐるといふことは、換言すれば此草案と甚だしく異なった案では、マ元帥の承認を得難いであらうといふことになりませう[73]」と、草案の出所や性格について危険なまでに暴露するとともに、それを批判的に考察している[74]。

憲法第九条については、「今や我が国は、国家の本質的機能たる外敵防衛のための軍備を撤廃し、支那の古代思想に於ける国たる性質をも失はうとしてゐるのです。……主権の要素を欠いた国をもはや主権国とは申せますまい[75]」、戦争放棄や軍備撤廃は、世界規模での「客観的情勢が未だ熟せざるにも拘はらずそれをするの余儀なきに至つている日本の実状を私は悲しむのです[76]」という具合である。

河村以外の憲法学者であるが、清宮四郎は、もともと社会的発言の少ない人であったが、ここでも発言を控えている。宮沢俊義については項を改めたい。高齢の美濃部達吉は、天皇制の行く末を憂慮し、また、戦争放棄の条項に関する不安を隠していないし、後に、枢密院で改正案に反対の一票を投じて、議会での修正を経た後の枢密院での最終決定の際には欠席している。野村淳治もすでに七〇歳の高齢であり、以前に松本委員会において、憲法改正案の中での軍事関係の条文の全面削除を主張して、将来の復活に含みを残そうとした美濃部と激しく対立したし、米国型の大統領制を提案した意見書を提出したこともあるが、天皇主権論の委員会で無視されて[77]、やる気をなくしていた。悲劇的だったのは清水澄である。彼は、枢密院議長として、憲法の改正を最終的に承認する議事を司った。清水は、GHQ側の干渉と草案の押し付けに深い絶望にとらわれ、しばらく後に、天皇制を護持できなかったことを天皇に謝罪して、入水自殺をして果てた。

松本委員会にかかわった若手の研究者には、刑部荘「最近の憲法における改正手続の民主化」[78]や、佐藤功「憲法改正論議の基本問題」[79]がある。

ここでのテーマとの関連でいえば、河村が、「スヰスやアメリカの州に於ては、憲法改正の世論が高まると先づ改正すべきや否やに就て国民投票を行ひ、国民投票で問題を可決すれば議会は直ちに解散せられ、新に改選せられた議会で改正案を作ります。此の改正案は更らに国民投票に付して確認を求められるのです。このやうに二度の国民投票と一度の総選挙に際して国民の論議が十分に尽され、民意が憲法に実現せられる訳です」[80]とか、「国家百年千年の基礎を築くべき大問題を決するのに、国民の十分な研究も議論も尽さないで早急に片づけることに就て、私は甚だしく不安を覚えるものであります」[81]と述べていることと、「国民投票制の提唱」[82]という一章をとくに設けて議論をしていることが、さすがにこの方面での造詣の深い学者の論述であると注目される。[83]だが、この河村の発言以外には、国民表決制（レフェレンダム）に関する反応はほとんどない。

(2)　宮沢俊義の変節

このように、松本委員会に関係した憲法学者が皆屈折した反応を見せた中で、ほとんど唯一といっていいほどに明るく、朗らかにＧＨＱ案に賛成したのは宮沢俊義であった。

宮沢は、はじめにも書いたように、私の師である芦部信喜の師である。私が大学を卒業して法学部の助手に採用された当時は日本公法学会理事長であり、学会事務を手伝う新人の私にたいしても、何度か親しく接していただいた記憶がある。この記憶は、当時、宮沢とともに学会の運営に当たっていた清宮四郎の記憶にもつながる。こういう関係もあって、私は、当時、宮沢と清宮の書いたものはよく読んだが、当時から、宮沢には、清宮には感じなかった違和感が残った。

宮沢が、天皇機関説事件の際や、その後の戦争中に、時局迎合的な行動をとり、戦後は知らん振りを決め込んでいたことについては、私は、きわめて厳しく見ているが、それはここで扱うべき論点ではない。ただ、松本委員会の中心人物であった宮沢は、ＧＨＱ草案が日本側に手交されたその日かごく近い日に書いて『改造』の一九四六年三月号に載せた論文「憲法改正について」[84]では、自分が深くかかわってきた松本委員会の憲法改正作業について、「このたびの憲法改正の理念は一言でいへば平和国家の建設（傍点・宮沢）といふことであらうとおもふ」と書いている。この急変振りは、上に述べた憲法学者たちの身の処し方と比較して記録しておくべきことであろうと思う。

私が不勉強なのであろうか。私は、宮沢が、この論文以前に、大日本帝国憲法改正問題の一番重要な課題が「平和国家」の建設だと書いたものにはお目にかかったことがない。宮沢が、憲法典のなかに、そういった理念を書き込む宣言的な条文があってもよいという考え方であったことなどは聞いたこともない。この点では、松本委員会の記録の中に宮沢が以前から平和憲法を主張していた部分を発見したとして紹介している研究[85]もあるが、そこで取り上げられているのは、軍備に関する憲法規定を廃止することで平和主義を宣明しようという程度の内容であり、しかも、それはむしろ野村淳治らが一貫して言っていた軍備全廃論であって、宮沢の考えが取り上げられているのではない。また、宮沢が提出した彼個人の憲法改正案には、こういう考え方に立って平和主義の国家目標を示す宣言的な条文は、その片鱗も見当たらない。

その宮沢が、GHQ草案が極秘裏に日本側に渡され、外務省などで翻訳を急いでいたが、日本国民はまだその存在をまったく知らされていない段階で見る機会があったことは、本人も認めている。その直後に、唐突に「いや、実は、私は、平和国家の建設のために憲法改正にかかわってきたのですよ」と言い出したのである。この論文で、宮沢が「日本を真の平和国家として再建して行かうといふ理想に徹すれば、現在の軍の解消を以て単に一時的な現象とせず、日本は永久に全く軍備をもたぬ国家――それのみが真の平和国家である――として立つて行くのだといふ大方針を確立する覚悟が必要ではないかとおもふ[86]」とまで書いているのを見ると、いち早くGHQ草案の内容を知って、それに擦り寄ったカンニング論文ではないかと強く疑われて気が滅入る。この論文については、以前から怪しいと言われているが[87]、私もその疑いに同調する。

宮沢にはこういう態度の急変が多い。古い時期に繰り返された先例についてはここでは触れない。

だが、一九四五年一〇月に、新しくできた幣原内閣の松本烝治大臣の意向を知って、それにピッタリと寄り添って、世間に先駆けて激しい近衛、佐々木批判を繰り広げた前歴がある。GHQ草案の意向を知って、それにピッタリ寄り添って、この論文で平和憲法の創造を声高に主張している経緯とあまりにも似ていて、もの哀しい。

関連して書いておくと、宮沢は、松本委員会で、立憲君主制論の立場にたち、国体護持の憲法改正案を作ってきた。その際には、憲法改正権は天皇にあるのであって、議会は、「発議権が議会にない結果、予算案に対する場合と同じく原案の範囲外に出る修正は許されない」[88]としていたのに、この論文を執筆した直後に、一変して、八・一五革命説を唱えて、議会の修正権を無制限に認める、国民主権の憲法改正論の使徒となった。さらに、戦前は、当時流行した緻密なドイツ法学、ケルゼン学派の流れを汲む者として、自由権という概念を否定して、それは単なる国家による自由放任の状態に過ぎないといっていたのに、これも急転して、人は生まれながらにして自由の権利を持つという、当時にわかに流行したドイツの国法学者ゲオルグ・イエリネックが採り入れたフランス流の基本的人権論の使徒となった[89]。

要するに、松本委員会当時の宮沢はどこかに消えて、またたく間に、平和主義者、国民主権主義者、人権尊重主義者の憲法学者、宮沢俊義が誕生したのである。宮沢は、早くから、松本委員会と自分のかかわりについて、あいまいなことを述べている。とくに、民政局の「日本の新憲法」の翻訳に際して解説の執筆を求められた宮沢は、次のように書いている。

「私自身のことをいわせてもらうと、私はいわゆる松本委員会のメンバアであつたから、その委員会の活動は、だいたい承知していた。しかし、松本案の起草には、ぜんぜん参与しなかつた。ただできあがつた同案をちよつとのぞいたことはある。それは、たしか、一九四六年の一月のはじめ頃だつたようにおぼえている。松本案ができあがつた頃から、委員会が召集されることは、まつたくなくなつた。その案がどうなつたのだろうと、大いに気にしてはいたが、一向に様子がわからなかつた。たぶん閣議で大いにもめているのだろうと推測していた。そこへ、忽然として三月六日案が発表されたのである。どういう事情で、松本案が姿を消して、それに代わつて、三月六日案が生まれたのか。その間の消息は少しもわからなかつた(90)」。

松本委員会における宮沢の活躍ぶりを知っている者であれば、この弁明には唖然とする以外にない。松本案に賛同して、自分の執筆した甲案を進んでこれに代えて、新しい甲案として松本委員会の総会で得意満面で説明したのは宮沢本人ではないか。それが「ちよつとのぞいたことはある」と表現されるのである。一九四六年一月いっぱいは、繰り返し、小委員会が開かれていて、宮沢は、松本と来るべき憲法改正審議会のメンバーの人事まで話して、幣原内閣の在任期間は残り少ないが、次の内閣の方針もこうなるのだと「自信を持って前に進もう」と他のメンバーを励ましていたではないか。それが、「委員会が召集されることは、まつたくなくなつた」と表現されるのである。

宮沢は、二月一三日の直後にGHQ案そのものさえ見ているのに、「忽然として三月六日案が発表されたのである。どういう事情で、松本案が姿を消して、それに代わつて、三月六日案が生まれたのか。その間の消息は少しもわからなかつた」と表現している。

宮沢がこの文章を書いたのは、憲法改正作業からわずか四年後のことである。頭脳明晰な宮沢が、本当に記憶がぼやけたとは到底思えない。日本政府の憲法改正作業にかかわっていた自分を否定し、隠し通したい事情が宮沢にあったのだ。悲しいかな、それは、宮沢が発見した真の権力者、GHQに擦り寄るためのアリバイ作りでしかない。

宮沢の、できあがった松本案を「ちよつとのぞいたことはある」という虚言は興味深い。宮沢は、後に日本が独立を回復し、占領期にアメリカ、GHQに擦り寄った学者が批判されるようになると、今度は、GHQ草案にいち早く媚を売った自分を隠すように、GHQ草案は、ある大臣からほんの数分見せてもらっただけで、それも天皇制のところだけだから、平和国家の建設という主張はカンニングではなくて、自分のオリジナルであると弁明した(91)。うそのつき方が同じ手口であるところがいかにも宮沢らしい小心さで、哀れである。

これは、前後の事情から推察するのだが、事態はこうだったのではないだろうか。まず、宮沢は、二月一三日の直後にGHQ草案を読み、また、GHQ側の硬い態度を知って、占領された日本での真の支配者が誰であるのかを身に沁みて理解した。宮沢が仕えた松本も幣原も、実は権力を握ってはいなかった。宮沢が懸命に努力してきた憲法改正の作業は無駄なものであった。それどころか、幣原や松本はGHQから突き放されつつある。戦犯としての指名、起訴はないであろうが、公職追放は大いにありうる。彼らに付き合えば、ちょうど近衛に付き合った佐々木が失脚したように、宮沢も失脚する。

宮沢は、以前に、佐々木を激しく非難して失脚に追い込んだだけでなく、失脚後の佐々木を人格的に侮辱する言動を繰り返した。幣原内閣という権力の中枢にいる宮沢が、野にある佐々木を思い切り罵倒し、いたぶったのである。こういう宮沢には、GHQに疎まれている幣原、松本に仕えていれば、自分も失脚し、こんどは親GHQ派の別の憲法学者によって、保守的に過ぎた自分が批判され、いたぶられるであろう運命が良く見えていたのだろう。宮沢は、こういう恐怖に苛まれたに違いない。

しかも、宮沢の同僚である東大法学部の教授の中には、横田喜三郎、田中二郎らのように、GHQに日頃から出入りして親しくしている者もいる。親GHQ派は現実的な脅威である。外部には、鈴木安蔵など、GHQ民政局のお気に入りの憲法学者がいる。憲法研究会は、一九四五年一二月に憲法改正案を作成して各方面の有識者に配ったときに、宮沢を除外している。美濃部は相手にしても宮沢は相手にしていない。当時の宮沢が、憲法研究会のメンバーから、どのように悪く考えられていたかが暗示されている。このグループには、高野岩三郎、鈴木安蔵のほかに、杉森孝次郎、森戸辰男、室伏高信、岩淵辰男という有力なメンバーもいる。民政局とつながりの深いこのグループからの批判も恐ろしい。このほかに、東大には南原繁、矢内原忠雄グループもいる。高木八尺もいる。こういう各グループにはさまれて、宮沢には安住の場所がない。これが、当時の宮沢のポジションだったのではないだろうか。

宮沢は、情報に接するのが早かっただけに、挫折も早かったのであろう。自分が信頼して全面的に依拠してきた日本政府が、実は権力者ではなかった。足元が崩れ去るような恐怖であるが、ほかの憲法学者はまだこのことを知らない。悩みは、孤独で深刻なものであったのだろう。

そして宮沢は、いち早くそこから脱出し、真の権力者であるGHQに媚びる論文「憲法改正について」を執筆した。したがって、三月六日案が公表されたときに、他の憲法学者が先に書いたように驚き、挫折するなかで、宮沢はすでにその時期を潜り抜けていて、松本委員会について語りながら、それに取り組んだ自分が、GHQ草案にも十分に対応できると懸命に売り込みを図る、GHQ草案の基本原則を賛美する論文の執筆者になっていた。ただ、この、フライングというのか、カンニングというのか、事前に知っていた自分を隠して、他の憲法学者と同じ条件の下にあったと偽るために、GHQ案は知らなかったと虚言を残しているのである。

歴史は皮肉なもので、宮沢がいち早く立ち直って書いた論文が、GHQ草案を学説的に支持するものとしては、まだ打ちひしがれて書きかねている多くの憲法学者からは群を抜いて光り輝いた。次いで宮沢が書いた八・一五革命説の論文はまさに国民主権派の先駆的業績になった。八・一五革命説は広く受容されて、戦後憲法学における宮沢のリーダーシップを確立することになった。

宮沢は、こうして彼自身の危機を脱したのではないだろうか。だが、私は、これを変節と呼ぶ。宮沢は変節を繰り返す人である。説を改めたにしても、いい方向への改説であり、日本国憲法支持の学説になったから、終わりよければすべてよしなのだ、というわけにはいかないのである。

(3)　幻の、宮沢訳GHQ草案

これから、書こうかどうかに迷った末に決意したことを書く。私は、これまで、宮沢について人格面でも厳しく批判してきた。ご遺族には心安らかでないであろうと思う。ここで、そういうご遺族が自ら書かれた追悼の文章を使って宮沢をさらに論難するのは、さすがに躊躇してきた。だが、事柄は大変に重要なので、書かれたご遺族の不興を買うことを覚悟して明らかにしようと決意した。

宮沢の息子の宮沢彬は、一九七七年に、『ジュリスト』の宮沢追悼号に一文を寄せている。その中に、こういう箇所がある。

「現行憲法の草案がGHQから示されたとき、父は偶々有楽町を歩いていて、毎日新聞社に連れ込まれ、英文をその場で翻訳させられたという。『新聞は急いでいるものだから、口で言うと誰かがその場で小さな原稿用紙に書いてすぐ印刷に回してしまう。さっきのところを一寸見せてくれ、と頼むと、もうここにないから我慢して下さい、と断られる。実際困った……』。やや興奮ぎみにこう言いながら家に戻って来たのを覚えている。この後しばらくして政府の正式の訳というか草案ができた」(92)。宮沢彬は、一九四九年に東大に入学しているから、この頃は十代の後半であり、興奮して帰宅した父を迎えた記憶は鮮明で、証言として信頼に足りる。

この文章が、どれほどショッキングな内容であるかは、これまでの記述からご理解いただけよう。次のような、にわかには信じがたいことが語られている。

第一に、毎日新聞社は、GHQ草案を、政府訳ができる前の時期に、英語の原文を入手していたことになる。宮沢は、それが写しであったとはいっていないし、当時の事情では、GHQ内部で保管されていたか、日本政府に手交された何通かの原本のうちの一通であったのだと思う。もちろんそれは、外務省の仮訳でもない。日本政府の訳は「この後しばらくして政府の正式の訳というか草案ができた」という事情にある。そうすると、これまで、GHQ草案の秘密は守られていたと思われていたが、それが違うことになる。

第二に、宮沢は、この段階で、GHQ草案の全文を読んで、日本語に翻訳していることになる。宮沢は、後に、GHQ草案は三月六日の「憲法改正草案要綱」発表後に知ったとか、ちょっと前に最初のほうだけちらりと見たというような弁明をしているが、これらは虚言であって、GHQ草案を熟知していたことがはっきりする。

第三に、宮沢は、この翻訳をしたその日に帰宅して息子の彬にこれを語っており、話の内容もリアルである。毎日新聞社は、超大型の特ダネをつかんだのであり、宮沢の翻訳をほとんど口述筆記のようにして記事化している。毎日新聞は「号外」を出すつもりだったのだろうか。次々と、多分一条ずつ、宮沢の翻訳が活字になっていく新聞社内の張りつめた空気を、宮沢はリアルに語っている。

第四に、私は、宮沢が「やや興奮ぎみに」帰宅したという言葉に、さもありなんと思う。憲法学者は、憲法は見なれているから、なにか新しい案文を見たくらいでは興奮しない。それが、あの怜悧な宮沢が帰宅するや息子に話しかけ、彬がしっかりと記憶できるほどに普段と変わっていたのであるから、興奮するよほど特別な事情があったのだと思う。

私は、宮沢が、毎日新聞のスクープ騒ぎに巻きこまれて興奮しただけでなく、示されたGHQ草案そのものに興奮したのだと考えている。宮沢にしてみれば、天地がひっくり返るほどのショックであったのだろう。毎日新聞は、情報源から、このGHQ草案が作成された経緯についても情報を得ていたであろう。そうでなければ、これはガセネタ、怪文書になってしまう。そして、この経緯やGHQ側の固い決意は、翻訳担当者の宮沢には当然に伝えられていたであろう。宮沢は、真の権力者の所在と、その固い決意を知ったのだ。

ここに、しかし、大きな疑問が出てくる。戦後史は、毎日新聞のそのようなスクープを知らない。GHQ草案の暴露は、どの新聞によってもなされていない。毎日新聞のスクープも、宮沢訳のGHQ草案も幻のように消えている。これはなぜか。

私は、これは、何らかの形で、GHQの検閲に引っかかったのだと思う。特ダネは大きすぎたのだ。考えてみれば、もし、一九四六年二月二〇日頃に、毎日新聞で、GHQ草案が暴露されたら、どういう事態になっていたであろうか。日本の世論は、天皇の主権者たる地位の剝奪、つまりは国体の破壊に激高して、不測の事態になったであろう。占領軍は圧倒的な武力を持っていたのだから直接に軍事的に攻撃されたかどうかは分からないが、幣原内閣や関係者は、売国奴、不忠の輩として、確実に保守派の武装蜂起やテロ攻撃の目標になったであろう。それを恐れて、幣原内閣は、憲法改正作業を中断せざるを得なかったのではないか。また、三月に予定されていた総選挙の結果も大きく違っていただろう。一方、極東委員会は、これまたGHQの越権行為に激怒し、東京に乗り込んできて新憲法の作成を自ら命じるようになったであろう。これに、情報を遮断されていたアチソン事務所、国務省からの苦情が、ワシントン経由で激烈な形でGHQに届いたであろう。つまり、マッカーサー司令部は危機に陥り、憲法改正の作業はマヒしたのではないか。マッカーサー解任という事態もありえた。もちろん、憲法改正のGHQ草案は吹っ飛び、二度と日の目を見ない。今日の日本国憲法は、誕生前に、影も形もなくなったのである。

GHQは、GHQ草案が洩れたことに恐怖して、検閲の権力でこのスクープを押さえつけたのであろう。宮沢も、毎日新聞側も、当事者が最後まで沈黙して「墓場にもって行った」話しであるから、占領の本質が露呈するような、相当にすごい、脅迫めいた事態が出現したのではないか。いずれにせよ、毎日新聞のスクープは幻に終わった。

(4)　GHQ草案をリークした者

次に出てくるのは、犯人探しである。当時、英文のGHQ草案を持っていたのは、民政局の関係者と、ごくわずかの日本政府の関係者である。このうちの誰が、毎日新聞に情報を提供したのか。

私は、何人かの容疑者を考えている。まず、このリークが、秘密の厳守を条件に行われていた作業をぶち壊す性質のものであることを思えば、GHQ草案に反対する者の仕業であったと思われる。GHQ民政局内部の者としては、運営委員会と意見がぶつかって地方出張に飛ばされて、GHQ草案の作成から遠ざけられた、二八歳のミルトン・エスマン陸軍中尉である。すでに指摘したように、彼は、憲法改正で行政に関する小委員会の委員を命じられると、旧知の東京大学の蠟山政道をたずねて意見を聴き、多数の憲法資料を借り出している。憲法について語らずに借り出すことはありえない。彼はそのことを四〇年間黙秘していて、一九八六年にメリーランド大学で開かれた「日本国憲法公布四〇周年記念シンポジウム」で明らかにした。彼は、これらの資料について、返却しただろうかととぼけて語っているが、私は、きちんと返却していると思う。その際に、エスマンが、自分の意見が疎まれて、よくない憲法案になってしまったと愚痴をいって、GHQ草案を蠟山に渡したということは大いにありうる展開である。また、誰も憶えていないと先に書いた影の薄いネルソン中尉も、もしかしたら、誰も記憶していないのではなく、誰も触れたくない裏切り者の人物であったのかもしれない。日本政府の側では、GHQ案に激しく抵抗した松本烝治か吉田茂であろう。度胸のいい白洲次郎ということもありうる。私は、宮沢が、弁解のなかで「ある大臣」といっていることを気にしている。宮沢は、百パーセントの嘘がつけない人で、真実を織り交ぜた嘘をつく。そうすると、リーク元は松本であろうか。松本はGHQ草案に大反対だったのであるから、それをリークしてつぶそうとする動機があっても不思議ではない。(93)もちろん彼は英文の草案を持っていた。それを「今日中に返却してくれないと私の立場がなくなる」という条件で毎日新聞に貸しても、誰にも気づかれない。

毎日新聞に情報が渡ったとき、翻訳には宮沢を使えという示唆も付いていたのだろうか。私は、宮沢が「偶々」有楽町にいて毎日新聞につかまったという言い訳は信じない。毎日新聞は、必死になって、かねてから関係の深い親毎日新聞派の憲法学者である宮沢の所在を探しまわっていたのだろう。憲法の権威、語学の天才、口の堅い男。世紀の大スクープは、宮沢の見事な翻訳を得ていっそう光り輝くはずであった。

宮沢彬の書いたところから推察すると、宮沢は、一日でこの翻訳を終了したようである。さすがに迅速さの求められるスクープへの対応である。毎日新聞は、一度宮沢にGHQ草案を見せたら、彼が翻訳を終えるまでは手放さない。スクープの仕上げと、秘密保持の両面から、そうすることが求められる。そして、宮沢はそれをやり遂げた。憲法学の言葉を熟知している高い翻訳能力は宮沢以外に考えにくいところであり、まさに、毎日新聞は人をえたのである。宮沢が帰途につく頃、GHQ草案は、リークした者の手に戻っていたことであろう。

だが、この、日本の占領体制を揺るがしたであろう大スクープは、宮沢の翻訳とともに占領軍の闇に消え、不発に終わった。私は、最初に宮沢彬の文章に接したときの驚きと戦慄を忘れていない。将来、当時の検閲に関する占領軍の記録の片隅から、幻の毎日新聞号外が出てくるのであろうか。それとも、そういうものも含めて、一切の記録が抹消されてしまったのだろうか。宮沢彬は、そういう恐ろしい事態と、父のかかわりを証言していることになる。

宮沢彬の証言に誤りがなければ、宮沢はGHQ草案を誰よりも早く熟読している。政府の訳ができる前に、しっかりと見ていることになる。私が、宮沢をうそつき呼ばわりするひとつの根拠は、この宮沢彬の証言である。もしかすると、宮沢は、これと別に、二月下旬に、「ある大臣」からもう一度、GHQ草案を見せてもらったのかもしれない。そのときは、本当に、わずかの時間にちらりと見ただけなのかもしれない。

宮沢の弁明を、息子が覆しているのだから人生というものはややこしい。ここまで書いて、彬は、ここで父の秘密を暴露したかったのか、判断に迷う。こうして取り上げることで、彬とその周辺に及ぼす迷惑に、心が動かないではない。私が見過ごせば、次は誰かがこれに注目するであろう。私が書かなくてもよかったのではないか。多くの憲法学者と同様に、遺族の追悼の言葉の意味するところを見過ごしていてもよかったのではないか。私の気持ちはなお収まらないが、いずれにせよ、このことによって、宮沢の『改造』論文「憲法改正について」が、GHQ草案を見てから書いたカンニング論文であったという嫌疑はいっそう濃厚なものになると思う。

こういう宮沢であるが、国民表決制への反応はややにぶい。八・一五革命説への転向の中でも、これを上手に説明の具に使いきれていない。この点は後に検討する。

(5) GHQ草案をなぞった憲法懇談会の改正案

この時期に、尾崎行雄らの憲法懇談会が「日本国憲法草案」(一九四六年三月五日)を発表している。GHQ案を基にしたものであり、憲法改正手続きについても、その「第九章 憲法改正及附則」において次のように定めている。GHQ案の引き写しで、独創性がない。

第八十七条 憲法改正ハ、政府又ハ両議院之ヲ発議スルコトヲ得此ノ場合ニ於テ両議院ハ各其ノ総員三分ノ二以上出席スルニ非サレハ議事ヲ開クコトヲ得ス 出席議員三分ノ二以上ノ多数ヲ得ルニ非サレハ改正ノ議決ヲ為スコトヲ得ス

第八十八条 議会ノ議決ヲ経タル憲法改正ハ別ニ法律ノ定ムル所ニ従ヒ国民投票ニ附スヘシ 天皇ハ国民投票ニ於テ国民ノ多数ノ賛成ヲ得タル憲法改正ヲ裁可シ其ノ公布ヲ命スヘシ

なお、尾崎行雄は、この後、憲法制定に関しては目立った活躍がない。日本国憲法が公布された翌

日に、日本経済新聞は、珍しくも新憲法に冷ややかな記事を掲載して、その際に、尾崎の「世の人は末の流れを歌えども　我は涙すその源に」という一首の和歌を紹介している。[94] 末の流れとは、言うまでもなく新憲法であり、尾崎は、その源である天皇の運命を思うと、お祝いどころか涙がやまないというのである。

尾崎は憲政の神様であり、超有名政治家であったから、一九四六年一一月三日の公布の日には朝日新聞からコメント[95]を求められ、一九四七年五月三日の施行の日には、天皇や吉田首相が参加した記念祝典で祝辞[96]を述べているが、かげりの多い演説である。尾崎もまた、失意の人であった。なお、尾崎には、「罷免（リコール）と一般投票（レファレンダム）[97]」という一文がある。

(6)　国民投票制に無理解な各政党の改正案

松本委員会による憲法改正の研究が改正案の作成に進むのとほぼ同時に、各政党も改正案を検討し始めて、それらは、一九四六年の一月以降に公表されている。[98]

日本自由党は、一九四六年一月二一日に「憲法改正案要綱」を発表した。この党の改正案は、天皇主権を残したためにその後の評価が低い。ＧＨＱ上層部と日本の保守主義的なエリートたちとの関係、とくにキリスト教徒との関係は、まだ解明されていない。私は、ここで扱われていた天皇制の具体的なあり方に関する憲法原則の多くは、ＧＨＱ草案の第一章「天皇」と似ていて、その作成に影響したことをうかがわせると思っている。(99) ただし、憲法改正手続きに関しては、この案はいたって平凡で、「憲法改正ノ発議権ハ議会ニモ之ヲ認ム」とあるだけである。

日本進歩党は、一九四六年二月一四日に「憲法改正案要綱」を決定、発表した。これも保守色の強いものであるが、改正条項は平凡で、「各議院ハ各其ノ現在議員ノ三分ノ二以上ノ同意ヲ以テ憲法改正案ヲ発議スルコトヲ得」としている。

日本社会党は、一九四六年二月二三日に君民共治の「憲法改正要綱」を決定、発表した。すでにGHQ草案は非公式に知られており、これをなぞった部分の多い改正案であるが、改正条項は「憲法ヲ改正セントスルトキハ議員三分ノ二以上ノ出席及ビ出席議員ノ半数以上ノ同意アルヲ要ス」だけである。

日本共産党は、一九四六年六月二九日に、詳細な「日本人民共和国憲法草案」を発表した。そのうち、改正手続条項は次のとおりである。

第九十七条　日本人民共和国憲法の改正発案権は国会に属する。

第九十八条　日本人民共和国の地方上級議会は、代議員三分の二以上の同意をもつて憲法改正の提案権をもつ。

第九十九条　日本人民共和国の憲法の改正は、国会代議員の三分の二以上の出席により開会される国会において、三分の二以上の多数をもつて採択されねばならない。

第百条　日本人民共和国の共和政体の破棄及び特権的身分制度の復活は憲法改正の対象となりえない。

このような各政党[100]の改正案に共通するのは、国民投票制への無関心である。どの党も国民発案も国民表決も取り上げていないということは、当時の日本では、国民主権原理の制度化としての国民投票という観念が、現実には市民社会の要求するところではなかったという事情を説明している。GHQの国民表決制度はまだ宙に浮いていたのである。

(7)　時機に遅れた東大の「憲法研究委員会」

この時期に、東京帝国大学が学内に設置した「憲法研究委員会」は注目に値する。[101] この委員会の委員長は、法学部の宮沢俊義であり、特別委員として、高木八尺、杉村章三郎、岡義武、末弘厳太郎（以上、法学部）、和辻哲郎（文学部）、舞出長五郎（経済学部）、委員として我妻栄、横田喜三郎、神川彦松、尾高朝雄、田中二郎、刑部荘、丸山真男（以上、法学部）、戸田貞三、板沢武雄、金子武蔵（以上、文学部）、大内兵衛、矢内原忠雄、大河内一男（以上、経済学部）であった。憲法問題にうるさい、そうそうたるメンバーがきら星のように並んでいて、東大の総力をあげた委員会といってもよい。戦争中に軍国主義を称揚していたメンバーは一応排除されているが、GHQの手先になっていた親米派あり、日本側の官僚と一体の者あり、共産党、社会党系の左翼あり、和平工作グループあり、クリスチャンあり、天皇制護持論者あり、国民主権論者ありであった。お山の大将ぞろいで、委員長とされた宮沢がとても制御できるメンバーではない。

委員会は、一九四六年二月一四日に発足し、まず、憲法改正に関して検討すべき諸問題を決定した。後になってみれば、皮肉にも二月一三日にＧＨＱの憲法改正案が完成し、日本側に示されていたのであるから、大日本帝国憲法の改正を念頭に置いた委員会の議論は状況の変化に遅れた空しい努力であった。ＧＨＱ草案は極秘事項であり、内閣のメンバーでさえ、二月一九日になって初めて知らされ、そこで示された翻訳は閣議後に回収されるというものであったから、いかに東大といえども、ごく一部の人間を除いてこれを知らなかったのは無理もないところである。関係者の記憶では、委員会で「何回か回を重ねていたところへ、突如、どこから聞いて来られたのか、末弘（厳太郎）先生から、マッカーサー草案なるものが提示されたということを聴いて、一同みんな唖然とした」[102]そうである。

委員会は、三月六日に憲法改正草案要綱が発表されると、以前に決めた検討の課題を放棄して、この草案要綱の検討に移った。そして、その際に、委員会は、先決問題としてまず目前の憲法改正に際して採るべき手続きに関する意見をまとめて、「憲法研究委員会第一次報告」[103]を表した。

委員会がこの「第一次報告」で構想した憲法改正手続きは、次のようなものである。

① 四月に予定されている衆議院議員総選挙が、実質的には憲法改正を発案する議員の選挙であることから、その重大性を広く国民に知らせて、十分な認識をえるようにする。

② 総選挙後の衆議院において、衆議院議員および学識経験者から委員を選んで、憲法会議を設置し、そこで、すでに発表された政府の憲法改正案も含めて検討して、憲法改正案を起草する。

③ 憲法会議の草案ができたときは、政府は、これを政府案として帝国議会に提出する。

この手続きは、天皇にのみ憲法改正の権限を独占させている大日本帝国憲法の手続条項に違反しないように、天皇の発議を意味する政府の提案の前に、国民が参加し、議会が実質的に発議する手続きを法的には補助的に設置しようというものである。憲法の定める手続きに移行する前の段階で、法律上の制度を作って、実質的に市民の意見を集約する機会を作る。当時、ポツダム宣言の要求に応じて憲法改正を行おうとしていた者の間で有力な憲法改正の方法論がここでも採用されたのである。

注目すべきは、この手続きを主張した委員会の論理である。「第一次報告」は、民主的な憲法について、「惟ふに民主的なる憲法とは決して単にその内容が民主的なるを以て尽きるものではない。真に民主的なる手続、即ち、国民の自発的なる意向にもとづき国民の十分なる批判と討議を経て作られた憲法にして始めて民主的なる憲法の名に値ひするのである」という認識を示して、政府の進めようとしている改正手続きをこのように批判する。「政府は今次の憲法改正につき、従来政府提出の諸法律案の起草に関して採られたと同様な手続を採らんとするものの如くであるが、もし然りとすれば、改正草案は専ら政府の手によつて作られることとなり、後に帝国議会に附議せられるとしても、原案作成の過程に於て民意の作用する余地は極めて局限せられざるを得ない」。

委員会は、「憲法改正手続を民主的ならしむる方法としては国民投票乃至憲法改正国民議会等種々の途が考へられる」が「現行法制の下に於て最も実行し易い方法」は「民意の代表者たる衆議院の指名する憲法会議をして実質上憲法改正を発案せしめんとする」方法であると主張している。

このように、委員会としては、民主的な憲法とは、「真に民主的なる手続、即ち、国民の自発的なる意向にもとづき国民の十分なる批判と討議を経て作られた憲法」でなければならないし、憲法改正が、松本委員会のようにもっぱら政府の手によって作られて、できあがった成案が後に帝国議会の審議にかけられるようでは、「原案作成の過程に於て民意の作用する余地は極めて局限せられざるを得ない」と批判的であり、そこで、議会を中心にして、官民の叡智を集める憲法会議を提唱したのである。

いうまでもなく、委員会の「第一次報告」におけるこのような提案は、実際の改憲手続きにおいては採用されなかった。委員会は、改正案の内容に関する「憲法研究委員会報告[104]」を作成して解散した。この報告書では、改正条項の問題は、すでに議論が済んだということなのか、一切触れられていない。たしかに、日々、現実的に手続きが進行しているのであるから特に言うべきことはないのかもしれないが、将来の憲法改正に関する手続論は重要な論点である。これについて一切言及していないのは不思議なことである。報告書は、委員会において支配的であった意見の集約であり、これと異なる意見も、主なものは併記してあるので、何も言及されていないということは、なにも意見が出ていないということなのであろう。眼前で、必ずしも民主的とは思えない手続きでの憲法改正が進行しているさなかに、その改正案のなかに民主的な改正手続論が書かれていても、そういう疑わしい条項について議論することに、意義を見出せなかったのか、あるいは少なくとも情熱が生じなかったのであろう。

委員会の解散後に、各委員の態度は大きく分かれて、政府の設定した改正手続きの中で政府案擁護の発言を繰り返す者、それに対して冷ややかな議論を展開する者、あるいは、改正手続きの外に出ていった者、沈黙を守った者などに分かれた。

この、エピソードのような東大の研究会からも、いくつかの事情が理解できる。まず、天皇主権であるか、国民主権であるかにかかわりなく、民意を憲法改正に反映させるためには、国民発案や国民表決などの国民投票がひとつの有力な選択肢であると考えられていたことである。次に、憲法が民主的であるためには、事後承認ではなく、「原案作成の過程に於て民意の作用する余地」が重要であると考えられていたことである。そして第三に、この研究会でも、憲法改正の議論は、目の前の改正をどう考えるかという点に集中していて、新憲法における憲法改正手続条項に関する議論はほとんどなされていないということである。

(8) 日本国政府によるＧＨＱ草案の受容と変容

日本国政府は、ＧＨＱ草案全般と同様に、草案の改正手続条項についてもこれを受容して、それをそのまま政府案にとりこみ、議会の審議にかけた。

ＧＨＱ草案の第八九条は、改正に関する規定であり、まず、外務省によって訳された。これをもとにした三月二日の政府案では、第百五条に「此ノ憲法ノ改正ハ国会之ヲ発議シ国民ニ提案シテ其ノ承認ヲ求ムヘシ。国会ノ発議ハ両議院各々其ノ総員三分ノ二以上ノ多数ヲ得ルニ非サレハ其ノ議決ヲ為スコトヲ得ス。国民ノ承認ハ法律ノ定ムル所ニ依リ国民投票ノ多数ヲ以テ之ヲ決ス。憲法改正案ハ国民ノ承認アリタルトキ憲法改正トシテ成立ス。憲法改正ハ天皇第七条ノ規定ニ従ヒ之ヲ公布ス。」という規定が置かれた。

これは三月五日案の第九二案[105]で細かく表記が変更され、三月六日に政府が発表した「憲法改正草案要綱」では、「第九十二　此ノ憲法ノ改正ハ各議院ノ総議員三分ノ二以上ノ賛成ヲ以テ国会之ヲ発議シ国民ニ提出シテ其ノ承認ヲ経ベキコトトシ　国民ノ承認ハ国会ノ定ムル所ニ依リ行ハルル投票ニ於テ其ノ多数ノ賛成アルコトヲ要スルコト　憲法改正ニ付前項ノ承認ヲ経タルトキハ天皇ハ国民ノ名ニ於テ憲法ノ一部ヲ成スモノトシテ直ニ之ヲ公付スベキコト」となった。

政府はこの後、四月中旬まで、草案要綱の細かな表記について、各省庁と協議し、また、ＧＨＱと交渉して改善につとめたが、この過程では、憲法改正の章については議題にも上がっておらず、ごく微細な字句の訂正だけで、四月一七日に条文化した改正案の第八章改正、第九十二条として公表され、枢密院、帝国議会での審議に付された。

結局、こういう過程を経て、国民投票（これまでは、国民投票は、国民発案（イニシアティブ）や国民表決（レフェレンダム）などの、直接民主制的な制度の総称として使用してきたが、ここからは、日本国憲法の表記に合わせて、国民表決（レフェレンダム）を国民投票と呼ぶことにする）という制度が日本の法制史上初めて登場したのである。政府は、これを、主権者国民の直接的な意思の表明として高く評価して説明したが、当時の議会では、天皇主権の大日本帝国憲法をどうやって国民主権の憲法に改正するのかという目の前の改正手続きに関心が集まり、その反面、まだできていない憲法の将来の改正に関する手続きについては、ほとんど議論らしい議論がなかった。国民主権の確立、初の国民投票制度の導入というわりにはお寒い議論である。

こういう熱気のなさを反映して、憲法付属法令の審議を求められた「臨時法制調査会」においても、当初は「国民投票法」の作成が企画されていたものの、立ち消えになった[106]。

(9) 内外人平等処遇規定の削除と在日朝鮮人の排除

ただし、この段階で、日本政府は、国民投票の有権者の範囲について、GHQ草案に対してひとつのきわめて重要な変更を加えていることはとくに記しておきたい。

GHQ草案では、人権の保障について、第一六条で「外国人ハ平等ニ法律ノ保護ヲ受クル権利ヲ有ス」（外務省仮訳）と、国籍の有無を問わないですべての市民に人権を保障する内外人平等処遇原則であった。日本政府の三月二日改正案では、第一四条に「外国人ハ均シク法律ノ保護ヲ受クルノ権利ヲ有ス」とあった。

ところが、三月四日の日本政府とGHQの協議で、GHQ側が、第一三条の法の下の平等の規定の「凡テノ国民ハ法律ノ下ニ平等ニシテ、人種、信条、性別、社会上ノ身分又ハ門閥ニヨリ政治上、経済上又ハ社会上ノ関係ニ於テ差別セラルルコトナシ」について、「国民」を「自然人」に改めること、差別禁止事由に、ナショナル・オリジンを入れることを要求してきた。この、ナショナル・オリジンは当時の日本側では理解が困難で、外務省は、「民族的出身」とでも訳すべきところを「国籍起源」と訳した。そのために、このGHQの要求に従うと、第一四条の内外人平等処遇原則との重複が生じるので、協議の上、第一三条を「凡テノ自然人ハ其ノ日本国民タルト否トヲ問ハス法律ノ下ニ平等ニシテ、人種、信条、性別、社会上ノ身分若ハ門閥又ハ国籍ニ依リ政治上、経済上又ハ社会上ノ関係ニ於テ差別セラルルコトナシ」として、第一四条は削除した。

三月五日改正案では、以上の案が維持されたが、日本政府案を最終決定した三月五日の閣議の席上で、吉田茂外務大臣は、なお最終的にGHQに対して再考を求める事項をいくつか指摘し、その中に「国籍により政治上差別を受けることがないという規定、すなわち外国人も日本人と同様政治上の権限をひとしく享有するが如き規定は不適当であるから改めること」(107)を含めていた。実際に三月六日にGHQ側との交渉がなされ、この部分は、日本側の主張が認められた(108)。そこで、この日の「憲法改正草案要綱」では、「第十三　凡ソ人ハ法律ノ下ニ平等ニシテ人種、信条、性別、社会的地位又ハ門地ニ依リ政治的、経済的又ハ社会的関係ニ於テ差別ヲ受クルコトナキコト」とされた。この条項の「凡テノ国民ハ」という表記を「凡ソ人ハ」というあいまいなものに改めただけで、それと引き換えに、内外人平等処遇原則を明示した規定を削除してしまったことになる。この結果、在日朝鮮人は憲法改正手続きへの政治的な参画が完全に排除されてしまった(109)。

結局、こうしたプロセスの中で、当初アメリカ本国からの指令に基づいてGHQ側が強く要求していた内外人平等処遇原則は消え去った。幣原内閣の推し進めてきた在日朝鮮人の排除策は幣原内閣の外務大臣でこの問題に熱心であった吉田茂が選挙後に内閣総理大臣になったために、次の内閣にも継承された。これは明らかに、日本政府の主張による在日朝鮮人の人権剝奪であり、結局、日本国籍保有者だけに人権を保障するという大日本帝国憲法の人権論、臣民権利論に戻ることに成功したのである。しかし、当時は、この点もさほど大きな問題にならずに見過ごされてしまった。

4　憲法改正案の審議

(1)　枢密院における憲法改正案の審議

枢密院は、一九四六年四月二二日から五月一五日まで、八回の審査委員会を開催して、大日本帝国憲法の改正案について審議した。その後、内閣の交代に伴って手続きが更新され、五月二二日には検討を終え、六月八日の本会議において可決した。この日、美濃部達吉がただ一人反対したことは以前から有名な話である。美濃部の反対論は、悲壮なものであり、多くの人々の心を打った(110)。

枢密院の会議では、大日本帝国憲法から日本国憲法への改正手続きの問題点が、美濃部によって鋭く提起された。美濃部は、大日本帝国憲法第七三条の改正手続きの規定は、ポツダム宣言の受諾によって無効になっており、したがって、第七三条に基づく改正の手続きも無効である。また、日本国憲法の前文は、日本国民みずからが憲法を制定するようになっていて、これは虚偽である。まず、次の議会で、憲法改正手続法を作り、「民定憲法は、国民代表会議をつくってそれに起案させ最後の確定として国民投票にかけるのが適当と思う(111)」と述べた。国民主権の憲法というからには国民投票が必要だとの認識である。美濃部は、天皇主権のもとでの国民投票から、国民主権のもとでの国民投票という考え方に変わったのである。美濃部は、憲法第七三条失効論を、一九四六年五月の論文「憲法改正の基本問題(112)」でも展開するようになった。松本烝治は、当然これに反論して、現に採られている手続きの正当性を主張している。

美濃部はさらに、国会を国権の最高機関とすることに噛みついて、国民こそが最高機関であり、最高機関だから憲法改正権を持つのだと指摘した。松本はこれにも反論して、「御説は、学説として有力だと思うが、国民を機関と見るのはむずかしい。国会が国民の代りに立っているというべきである。

第九二条は、事が重大であるから、国会議員を選んだ人の承認を求めるという趣旨であり、それらの者が機関を構成しているとは思わない[113]」と述べているが、要領を得ない説明である。

(2) 帝国議会衆議院における審議

帝国議会における憲法論議の過程では、憲法第九六条については質疑が少ない。質疑は、大日本帝国憲法の改正手続きによって日本国憲法が制定できるのかという点に集中した。

これについて、冒頭の衆議院本会議での討論において、森戸辰男議員、野坂参三議員の示した疑問に対して、金森徳次郎憲法担当大臣から、ポツダム宣言の要求するところからすれば、自由な国民の意思を代表する衆議院に全面的な修正権があればよいし、衆議院が改正手続きに含まれていれば、天皇が発議し、枢密院で審議し、貴族院も関与しているとしても、問題はないとの答弁があった[114]。貴族院においても宮沢が同様の質問をしているが、金森はポツダム宣言の要求に応じることと、大日本帝国憲法第七三条の趣旨に適合することとが一つの手続きの中にかね備えられているのだという答弁である[115]。

憲法第九六条に関連する質疑は少ないが、あえて探せば、冒頭の本会議で、酒井俊雄議員は、国会に行き過ぎがあった場合には、天皇が国民投票に問うような制度を設けたいという意見を出している。金森は、それは国会の権威からも問題があり、民主政治の本体を損なうとして否定した[116]。この議論は、後に、特別委員会においても、酒井、野坂らの議員によって繰り返された。続いて行われた憲法特別委員会での質疑の中では、赤沢正道議員から出された、国会は国権の最高機関とされているが、憲法改正の国民投票もあり、国民が最高機関ではないのか、あるいは天皇はどうなのか、という疑問に対する金森の答弁が注目される。ここで金森は、国民は、選挙権などを持っていて、いわば「国の主権の最初の現われを成すもの」であって機関ではなく、天皇は、「我々の心の繋りの中心であり、国の象徴であり、特殊なる尊厳の地位を有せられまするが故に、この憲法の中ではこれを機関と云う中に数え上げることをしないという気持で文字が出来て居る」[117]と述べている。天皇が国権の最高機関ではないという事実をあえてあいまいにするために、国民投票権を持つ国民であっても最高機関とは考えたくないという金森の気持ちが良く出ている答弁である。

衆議院での議論はこれに尽きる。各政党は、六月下旬に改正案への態度を決めた。その際に、社会党は、六月二〇日の同党常任委員会で修正案を定め、その中に、憲法改正の公布は天皇ではなく内閣総理大臣が天皇の認証を得て国民の名で行うべきだという案が含まれた。社会党は、内閣総理大臣ではなく、内閣が公布するという案に訂正して、八月二一日の小委員会で鈴木義男議員から修正案の全体について趣旨説明がされた。だが、ここでは、改正手続きの修正については一言も触れられておらず、そのまま否決されて終わった。

(3) 帝国議会貴族院における審議

貴族院では、宮沢俊義、浅井清、南原繁、佐々木惣一らの学者議員から次々と疑問が提示され、答弁する金森とのやり取りは、学会の議論のようであった。

この中では、なんといっても、佐々木惣一の質疑が際立っている。佐々木は、まず一九四六年八月二九日の質疑(118)で、将来の憲法改正では、何らかの形で国民が発議する余地を残しておくべきであるが、政府の改正案にはそれがないと指摘して、「詰り議会の方から国民に与えると云うことはありますけれども、国民の方から議会に与えると云うことは出来ないのであるが、是はどうもいけないと思う」と問うている。かつて内大臣府御用掛として天皇主権下の直接民主制を憲法改正案に取り入れた当時の気概は失われていない。

これに対して金森は、「原案は、此の民主政治が十分発達を致しまするならば、国民の与論の声を代表するものが、即ち国会が適切なる働きをするであろう。複雑なる国民発案の原理を採らなくても目的を達するのではなかろうかと云う利害を考慮して、此の改正原案の結論を妥当と見た次第でございます」と、よく分からない説明をしている。ここでは、暗黙のうちに、国民投票抜きに日本国憲法を制定することと、将来のその改正においては、どれほど部分的、技術的な微細な改正でもかならず国民投票にかけることを要求していることとの不均衡をともにうまく説明しようとして、のらりくらりの答弁になっている。金森のいうところでは、議会が十分に機能して民意を反映するので、国民発案という制度は必要ないことになる。それならば、国民表決だって要らないではないか。金森の答弁は理屈になっていない。

もう一点は、九月二五日の質疑(119)である。この日、佐々木は、憲法改正という国家意思は改正作業のどの段階で成立しているのかと問うている。国会の議決で憲法改正が成立し、その後、国民投票で発効できるようになるのか、それとも、国会の議決では国家意思は成立したといえないのかを問うているのである。これは、国民投票が、すでに成立した国家意思の「批准」であるのか、それとも「決定」であるのかという問題点に結びつく。

金森は、この日、佐々木の質疑の前に、松村真一郎議員の質疑(120)で、妙な答弁をしている。松村は、憲法の改正は議会の議決で完成していて、この、できあがったものについて国民投票で国民の意向を聞くのだと理解している。そうだとすると、国民投票は、レフェレンダムではなく、人民の拒否権、ピープルス・ヴェートーだということになる。こう理解していいのかというのが松村の質疑の要点である。

金森は、松村の発言に対して、つねに、「左様でございます」と肯定する。「三分の二で一応決まった。然る後承認を経る。斯う云ふ手続ですね。是だけですね」「左様でございます」「国民投票は……所謂レフェレンダムではない。ピープルス・ヴェートー、国民が良いか悪いか、是だけのことですか」「左様でございます」という具合である。ここでは、金森が、質疑の内容を理解できていなくて、議論が相当に混乱している。

佐々木の質疑は、この松村に対する答弁で生じている金森の論理的な混乱を収めようという趣旨のものになっている。佐々木は「国会が発議なのだから、議決をしましても、国会ではまだ憲法改正の国家意思と云うものは成立してないと見る方がすらりと来やしませぬか、どうでありましょう」と聞き「発議と承認と両方俟って、発議と云う妙な字が玆に出て来たのですが、それだけでは完成しないのであります」という答弁を得て「それなら、それで宜しゅうございます」と引き取っている。佐々木の「やれやれ」という呟きが聞こえそうな質疑である。

(4) 金森徳次郎の国民投票の理解

金森は、このほかに、ここでの課題に関連して、もう二点述べていることがある。ひとつには、金森は、憲法制定権と立法権は違うもので、「憲法の制定は結局国民の意思を直接なる方法で表明するものであり、「国の制度の一番基本的なものは、一番基本的な方法、即ち国民の直接なる意思の表示に依って決することが、先ず妥当なりと考えられる次第であります」と、国民投票制を美しく評価しているのだが、それに続いて、国民は実際には直接に判断するのが困難ではないかと問われるとたちまち馬脚を現して「国民は、色々な態度を執り得るのでありまして、一人一人が、内容を審査する人もありましょう。又然らずして、自分達が信頼した所の国会議員が決めたと云うことに、先ず大部分の安心を置いて投票せられる人もあるのでありましょう」[121]と、直接民主制の原理を基本から踏み外すような考えを述べている。自分たちの選んだ議員が作った改正案だから信頼できるとして投票する。こんな直接民主制の理屈は聞いたことがない。

もう一点は、レフェレンダムそのものに関する金森の評価である。金森はこう言う。「或種の法律案を発案を致しまするとか、或は箇々の法律を批評します時、或は衆議院の解散を要請する、斯う云うレフェレンダムは可なり警戒しなければならぬと思うのであります。政治上の一時の勢力でレフェレンダムを寧ろ濫用さるる虞もありまして、政治の安定を害すると云う見地から懸念をしなければなりませぬが、此の憲法改正の如き、容易に起らないことであります。而も国会の両院に於きまして、三分の二の多数決を経たと云うようなことでありまするので、大凡問題がはっきりして来るのでありまして、レフェレンダムを行いました為に、特別に国民の中に紛雑が起ると云うことも先ず無いと考えます」[122]。

こうした金森の本音に近い答弁を見ていると、結局のところ、憲法第九六条にいう国民投票は、「国民の中に紛雑が起ると云うことも先ず無い」、議会が決定した改正案を祝福して追認するお祭り騒ぎ程度のものと考えられていたことが分かる。この制度が、強い議会不信の上に立った、主権者国民の憲法制定権力の直接的な行使であり、議会の決定を覆すことも、部分的にしか承認しないこともありうるという理解は、実現しそうもない、建前だけの話しなのである。だが、国会の両院の議員が三分の二の特別多数決で決めたことについて、国民の間で紛糾するはずは無いではないか、とは本音の言い過ぎである。

このように、帝国議会における討議では、改正手続条項に関するものは至って低調であり、分量も少ない。当時の人々の関心を呼んでいなかったことが分かるし、第九六条を国民主権原理の最も重要な規定として高く評価する後追いの憲法学説には首をひねらなければならない。

(5) 憲法学者による憲法改正手続条項の受容

憲法改正手続きに関して、憲法学界がどのようにこれを受容したのかも興味ある論点である。しかし、新聞などの報道や、当時急いで出版された数多くの解説書を見ても、この点にきちんと焦点を当てているものは少なく、通り一遍の国民主権論で説明しているか、あるいは、これさえも無視して説明を省略しているものが多い。帝国議会での改正案の審議と同様に、憲法第九六条は学者によっても軽視されているのである。

美濃部達吉は、一九四六年一一月三日の日本国憲法成立後は、大日本帝国憲法第七三条失効論を撤回して八・一五革命説に賛成し、日本国憲法は正しい手続きで新たに制定されたものであると解釈するようになり、[123] 日本国憲法の合理的な説明を心がけるように態度を改めた。美濃部が書いた日本国憲法の解説書である『新憲法の基本原理』[124] においては、国民投票による承認は、「新憲法に於いて国民に与へて居る直接参政権の最も顕著なもので、代表者を通じてではなく、国民自身が憲法改正の是非に付き最終の決定権を有するのである。勿論それは修正権を包含するものではなく、国会の議決した改正草案の全部に付き可否を決するに止まるのであるが、兎に角国家基礎法の改正が国民の直接の意思の表明に依り決せらるるのであつて、国民主権の発動として最も著しいものである[125]」としている。ただ、美濃部にとっては、日本国憲法の制定が帝国議会の意思だけで進められて国民投票の機会がないのに、それの改正の場合は大小に関わらずに必ず国民投票を要するとしていることは気になるところであった。そこで、美濃部は、「国民主権主義は決して国民が自ら直接に統治権を総攬し行使するものであることを意味するものではなく、如何なる機関が国民の信託を受けて統治権行使の任に当るかは、別に憲法に依つて定めらるべき問題であり、国民主権主義に基づき当然に生ずる結果ではない[126]」と弁解している。

宮沢俊義は、ＧＨＱ草案に基づく政府の憲法改正草案要綱が三月六日に発表されると、早くも翌七日の新聞で、「あらゆる点からいつて八・一五以前の日本には全く見られなかつた新しいものを建設せんとする意向の表現であり新日本建設の大憲章たるべき志向をもつた憲法草案」としている。古関は、この時期から、宮沢が日本政府への献身を軌道修正して、微妙に距離を置いていったことを指摘している[127]。松本委員会や、その背後にある幣原内閣に関するＧＨＱの評価が低下して力を失い、改正問題での発言権を確保するには、よりいっそうＧＨＱに近い憲法研究会的な立場に移行する方が得策であると分かった時期と符合している。古関は、こういう宮沢の転向を皮肉って、宮沢の「敗戦」と「戦後処理」と呼んでいる[128]。簡単に言えば、敗戦処理とは、真の権力者に「無条件降伏」して擦り寄って行ったということである。

宮沢は、ＧＨＱ案を全面的に絶賛したのであるが、それはさておき、宮沢が改正手続きに触れたこの時期の著作としては、「憲法改正[129]」がある。だが、これは、憲法第九六条の規定をそのまま字義通りに言い直しているだけで、国民主権原理や直接民主制への格別の思いは感じられない。国民主権主義への高揚した信念の告白もない。また、この時期の教科書『憲法大意[130]』も、「もちろん、国民はこの場合、国会によつて発議された憲法改正案を全体として承認するかどうかをきめることができるだけで、それを部分的に承認したり、それに修正を加えることはできない[131]」と述べているところが注目される以外は、面白くない。

このほか、黒田覚『新憲法解説[132]』は、新憲法が硬性憲法であること、憲法改正に限界があることを指摘するだけであり、国民投票制には言及していない。読売新聞社『新憲法読本[133]』、山浦貫一『新憲法の解説[134]』、定塚道雄『新しい憲法[135]』、芦田均『新憲法解釈[136]』、大石義雄『日本国憲法読本[137]』のような解説書も、字義の説明のみである。田中伊三次『新憲法の解明[138]』も、国民主権になお抵抗して「国民総意至高の原理を最高度に採用し、もつて民意を尊重し、民意に基く政治を行はんことを深く期してゐる[139]」と述べるものの、制度の説明は平板である。まとめていえば、当時の学界は、先ず、日本国憲法の改正手続条項そのものに関心が薄く、そのうちの国民投票については、さらに軽視され、単なる字義の説明に終るものが多く、時に無視されていたのである。ただ、稲田正次「憲法制定並びに改正」[140]は、国民主権主義からの説明として詳細であり、また、情熱的でもある。

(6)　注目されるのは鈴木安蔵と中村哲

こうした中で、さすがに鈴木安蔵は、『新憲法の解説と批判』[141]で国民投票に触れてこう書いている。「国民自身の改正発案はみとめられてゐないが、国民主権の原則を徹底して、改正発議、さらに憲法制定会議の召集についての国民発案をも同時にみとめることが、国会そのものの怠慢ないし無能の危険を補ふためにも、より望ましいことと信ずる」[142]。

また、中村哲は面白い。彼は、日本国憲法の中での国民主権主義の明確化を求めて激しく主張して憲法改正案への「国民主権」という言葉の挿入に成功した立役者の一人であったが、一九四六年八月、改正案が議会で審議されているさなかの講演で、ジャン・ジャック・ルソーを引用しつつ「国民が直接に代議士を罷免する権利、罷免権、或ひは国民が直接に法律を作る、国民発案権、国民が直接政府の政策を判断する所の国民投票権」を紹介して、「国民主権は必ずしも議会主権ではない」と指摘して、「こんどの憲法では憲法改正にさいしてだけ国民が直接に意志決定をするのだといふことになつて居ります。さういふ点で今度の憲法では二十世紀の国民投票といふ制度が僅かばかり顔を覗かせて居ります」と分析した上で、これをさらに拡充して「一院制の行きすぎは参議院といふ二院を設けることによつてではなく、国民投票制などを設けて国民そのものが抑制してゆかねばならないと思ひます」[143]と主張している。ここには、市民の能動的な政治参加を期待する視点がある。

この頃の中村は、過激に左翼的であり、彼の書くものは、数多く、GHQの検閲にひっかかっている[144]。だが、中村はそういうことも一切お構いなしに自分の考えを展開している。この時期の法律学者による日本国憲法関係の文章で、GHQの検閲によって削除され、発表が部分的に不許可になったものについて、西修が具体的に取り上げているところを見ると、佐藤功「憲法改正問題の経緯」[145]、恒藤恭「天皇の象徴的地位について」[146]、河村又介『新憲法の制定に就て』（出版不許可）[147]、日本文化普及興会『新憲法の意義と解説』[148]、横田喜三郎「新憲法と平和立国」[149]、田中二郎「新憲法と政治の民主化」[150]、横田喜三郎「戦争放棄と日本の将来」[151]、田畑茂二郎「改正憲法の精神」[152]、佐々木惣一「戦争を放棄する憲法規定の実際的意味」（ただし、ケーディスの最終判断で許可）[153]、中村哲『新憲法と民主主義』[154]、中村哲『新憲法ノート』[155]、中村哲『知識階級の政治的立場』[156]、鈴木安蔵『憲法と人民の政治』[157]、滝川幸辰「『自由と民権』について」[158]、井上孚麿『憲法改正とポツダム宣言』（出版不許可）[159]などがある。中村の突出振りが目立つ。

中村は、すでに一九四五年の段階で、イニシアティブやレフェレンダムの直接民主制的な制度の導入を考えていただけあって、「この憲法を実際に運用してみて、民主主義の阻げになるやうなものは、今後において、改正してゆかなくてはなりません。憲法の制定権は国民の手に移つたのですから、国民はこのことを慎重に考慮して、真に民主主義的な憲法となるやうに、漸次に切り換へてゆかなくてはならないのでありますⅰ[160]」と、将来の憲法改正を考慮しながら、国民投票制度を考えており、当時の憲法学者の中では目立って、この制度の理解が的確である。

この、鈴木、中村を例外として、当時、一般には、憲法第九六条は、日本の法制史上初めて、市民が立法に参画することを保障した画期的な法制度であるのに、その趣旨は理解されずに無視されることが多かった。後に、憲法学界は、誰もがこの規定を国民主権原理の体現としておごそかに称揚するようになるが、成立当時にそう理解できた学者はごく少数であり、国民主権原理という説明が後付けの理屈であることを物語っている。

(7) 佐々木惣一の『憲法改正断想』

佐々木惣一については、項を改めた。佐々木は、美濃部と同様に、憲法改正が成立した後は、日本国憲法の合理的な説明をすることが憲法学者の使命であるという立場から解説的な文章を書いている。たとえば、『日本国憲法論[161]』がある。また、少し遅れて書かれた「憲法改正問題の処理[162]」、「憲法改正問題の国民性[163]」など、『憲法学論文選三[164]』に収録されたものは、できあがった日本国憲法の改正方式を説明しなおしているだけで、面白みがない。

この佐々木には、しかし、『憲法改正断想』[165]という著作がある。一九四七年六月、日本国憲法の施行直後に、佐々木が日本国憲法の改正過程で主張してきた二〇編の文章を、各種の雑誌、新聞の記事、さらには子ども向けの「お話し」から貴族院での演説まで集めたものである。

佐々木は、すでに見てきたように、望まれて近衛の憲法改正検討作業にかかわり、GHQに裏切られて立ち往生し、また、東大の美濃部、宮沢から激しい反発を買い、予定されていた松本委員会の委員のポストも失い、政府の憲法改正作業から遠ざけられた。

佐々木にすれば、大日本帝国憲法の改正手続きとしては、改正の発議権のある天皇の勅語に基づいて行動していた自分たちが正統なのであって、天皇からの下命もないのに勝手に改正に着手した松本委員会こそが、天皇に独占されている発議権を簒奪するものであった。近衛は、当初は美濃部、佐々木の両人を学術顧問として起用するつもりであったが、美濃部の起用には右翼筋からの反発が強すぎるであろうということで見送り、佐々木一人の起用になった。その美濃部が、佐々木の追放を主張したのであるから皮肉な展開であった。

しかし、佐々木は、逆境にありながらも、その後も一貫して、天皇制を堅持して、その下でデモクラシーを実現する改正を主張し続けた。その思いは、貴族院本会議での改正反対の演説にまで、収録されたすべての論文の基調として脈々と流れている。この書は、そういう佐々木の悲痛な思いの論考で埋まっており、権力に無視されながらも説を曲げない憲法学者の気骨と、しかし、同時にあふれ出てくる悲哀に満ちたものとして輝いており、後進の憲法学者として、心のうちに一掬の涙なしには読むことができない。

ところが、宮沢は、この時期の佐々木の傷ついた心にさらに塩を塗りつけるような所業に及んだ。宮沢は、松本委員会の中枢にあって、権力の寵児になったと錯覚していた時期に、勝ち誇って、傲慢にも佐々木についてこう書いた。「このとき政府とならんで内大臣府が憲法改正の仕事を取上げたのは実は頗るをかしいので、どうも近衛公あたりの勘違ひの結果らしい。しかもはじめは大仕掛にやり出したのに、途中からいやに駆け足で、十一月中でもう仕事を終へ、それと同時に内大臣府そのものまで消えてなくなつてしまったのだから妙な話である。憲法草案をこしらへて陛下の御手許に差出したやうであるが、それつきり世間に発表もされてゐない。まさに龍頭蛇尾で、何のためにあんなにさわいだのか分からない(166)」。

私は、宮沢のこの文章に、人としての思いが欠けていることを悲しむ。たしかに宮沢は、一九四五年の秋、松本烝治の手下となって近衛、佐々木に政治的な戦いを挑み、勝利した。しかし、その勝利は、宮沢の憲法理論の勝利ではなく、近衛活用から近衛切捨てへとGHQの態度が急変したことによるものでしかなかった。こうした勝利は、「勘違ひ」だの、「はじめは大仕掛にやり出したのに、途中からいやに駆け足で」だの、「内大臣府そのものまで消えてなくなつてしまったのだから妙な話」だの、「まさに龍頭蛇尾で、何のためにあんなにさわいだのか分からない」だのと、佐々木を小ばかにしたこれほど傲慢な文章を書くことを許すものではない。

私は、ここまで、六〇年前の憲法改正の経過を追体験してきた。この時期に、宮沢がいかに転向を重ね、変節し、権力者に追随してきたのかは明らかである。そういう宮沢の姿を、同時代人として日々見聞していた敗者の佐々木が、ほかならぬ宮沢本人からこのように他人を小ばかにした言葉を浴びせられて、いかほど無念の気持ちを抱いたのか、その気持ちはありありと分かる。

佐々木は政治的な敗北者である。彼は、そのことを良くわきまえていて、それでもなお、新しい日本国憲法の下で、憲法研究者として生きていく道を選んだ。この現実を受容することと、憲法改正の過程でのさまざまな不条理を飲み込んで、大日本帝国憲法への想いを捨てることとは表裏である。佐々木は、愛惜の念を持ちながら、大日本帝国憲法に決別した。大日本帝国憲法の下で形成してきた自分の憲法学を脱ぎ捨てた。

この書の題名、『憲法改正断想』という言葉には、憲法改正の断片的な想念という本来の語義がある。だが、私には、この時期に憲法改正にかかわって自分が書いてきたが、結局は改正作業にも影響していないし、大日本帝国憲法とともに歴史の中に埋もれていく文章をすべて集めて世に残そうとした佐々木は、あるべき憲法改正のために自分はここまで戦ったのだという無念の思いをぶつけていたのだと思う。「憲法改正への想いを断つ」という書名には、佐々木の万感の想いが表されているように思えてならない。佐々木は信念の人であった。佐々木は、立場を超えて広く尊敬されている。(167) ただ、同書には、憲法改正国民投票の主張はない。

(8) 鵜飼信成による国民投票の批判的検討

一九五〇年、雑誌『世界』は、憲法改正の動きとの関連で、一編の論文を掲載した。鵜飼信成は「憲法改正権の限界」[168]を表した。鵜飼は、まず、日本国憲法は日本国民が制定したというのは嘘であるが、かといって、それが外国製だとか、占領期の暫定憲法に過ぎないというのは誤りで、憲法に盛り込まれた普遍価値を守り、傷つけないようにすることが日本国民の責務であると主張した。

次いで鵜飼は、ワイマール憲法期のカール・シュミットとハンス・ケルゼンに触れて、とくに、シュミットの提唱した、正統な憲法改正には限界があるという憲法改正権論を支持しつつも、シュミットが、ワイマール憲法第四八条の大統領の独裁権に基づく憲法の「停止権」を高く評価して、その活用を勧めたことが、ナチスの権力を正当化し、ワイマール憲法の覆滅を招いたと指摘する。

さらに鵜飼は、日本国憲法の改正手続きに触れて、国民投票によって決定されるという制度の採用によって、「この手続は、一おう主権者たる国民の意思によつて、憲法改正が決定されることを保障しているように見える。抽象的にいえば、このことは疑ない。けれども問題は、果たして真に問題の所在を明確に意識してなされるかどうかということにある」[169]という危惧の念を示した。ここで、フランスの国民投票の結果が示され、一七九三年のジャコバン憲法が賛成一八〇万票に対して反対一万票、一八〇四年のナポレオン皇帝就任が賛成三五七万票に対して反対二千票、一八五二年のルイ・ナポレオン皇帝就任が賛成七八二万票に対して反対一五万票であった例をひいて、国民投票制は、抽象的には主権者市民の賢明な判断を前提としているが、実際には、それは、政治的に動員され、体制、権力の側からの提案に容易に賛成する結果に終わることを指摘している。鵜飼は、歴史家のフリードリッヒ・マイネッケの述べた、「国民主権の理念は、本来は革命的であつたのに、今や保守的意味を持つにいたつた」という言葉に同調している[170]。

ここで鵜飼は、日本の現状に触れる。当時の世論調査によれば、憲法改正手続きはどういうものかという問に、知っていると答えたのが一二%で、さらに細かく見ると、議会の発議＋国民投票と答えたものが六%、国民投票だけと答えた者が三%で、残りの九一%は、国民投票制度のあることすら知らなかった。また、憲法を読んだことがあるのかという問に、ひととおり読んだと答えたのは一四%にとどまり、中でも女性の場合は五%であった。日本国憲法を制定したはずの主権者日本国民の現状がこのようなものでしかない。そこで鵜飼は、国民投票による賢明な判断に基づく憲法改正を信頼して期待するのではなく、むしろ、憲法改正権には限界があるという議論に戻って、日本国憲法の場合は、国民主権主義と永久平和主義、基本的人権尊重主義は主権者国民自身にも改正できないということを力説した。国民投票の意義はほとんど主張されていない。

このような、国民投票制に対して疑問を投げかけた鵜飼の発言は貴重であるが、同じ号の『世界』

に掲載された関口泰「憲法改正と国民投票(171)」は、これと立場が違う。関口は、国民投票というものは、学者や大臣も一票、熊公、八公も一票というところに意義がある、と主張する。それは、入学試験でもなければ、学力考査でもない。暗記力の試験でもないし、賢愚の判定でもない。権勢や利得に目がくらむ少数政治家よりも、素朴で正直な多数国民の良知良能に信頼するところに、民主主義の基礎がある、というのである。関口の、市民の判断に寄せる信頼も、ひとつの立場として成り立っている。

鵜飼と関口は、憲法改正国民投票制が抱えている問題点を、二つの異なる意見として明瞭に示している。この問題点を素通りして、それが国民主権の具現化であるとほめたたえるだけの多くの憲法学者に比べて、両者の考察の質の高さが明らかであると思う。

(9)　この時期の憲法学者への批判

かつて田中英夫は、アメリカで行ったGHQ関係の資料収集やヒアリングによる日本国憲法制定史の綿密な検討を終えたあとで、田中が感じた制定史の疑問や問題点を集めて、『憲法制定過程覚え書』を表した。これは、学者である田中が「憲法制定正史」で描ききれなかった点を自由人の田中が述べる「憲法制定野史」の趣きのある名著であり、歴史小説家のような田中の筆の運びを楽しむことができるが、田中は、この書の末尾に、憲法制定にかかわった日本の憲法学者への痛烈な批判を置いている。

田中はここで、日本国憲法の制定にかかわった憲法学者たちは、悪しき専門主義にとらわれて、憲法解釈での手法を憲法制定に当てはめようとして、低劣な大日本帝国憲法の改正案しか思い立つことがなかったと切り捨てている。現行法を自然法の体現であるかのようにみる実定法学者の傾向は、彼らにおいて特に「重症」であり、大日本帝国憲法の小幅改正しか考えられなかった。そこには、諸外国の法制度を自分たちの都合のいいところだけ切り取って使おうとする「役に立つ比較法」という発想と、「条文、条文、いとしの条文」の条文解釈中心主義の発想がある。田中は、これらを総括して、憲法学者に、法創造への発想がないことと、高度のステイツマンシップが欠落していることを厳しく批判した上で、杉原泰雄、和田英夫を槍玉にあげて、「四半世紀以上前の日本国憲法制定の過程を通じて顕れたわが憲法学の体質をみることは、今後の憲法学のあり方を考えるについて、無関係の、まったくの過去のこととはいえないように、私には思えるのである(172)」という言葉で締めくくっている。

田中は、慎重に、直前に死亡したばかりの宮沢俊義の名前を一度も挙げていないが、松本委員会の内部事情をよく知る田中であるから、ここでの批判の主要な対象は宮沢である。しかし、憲法学は、田中の指摘の真意を汲み取ることができなかった。せっかくの心のこもった忠告も、「田中先生は怖い人」という一言で、敬して遠ざけられてきた。田中は、憲法制定時に、高木八尺とならぶ「もう一人の最適任者、高柳賢三教授の意見が徴されることも、まったくなかった」ことを批判している。

田中による批判の意味するところを知るには、高柳の研究を知らなければならない。そして、高柳を学べば、すでに大正期の高柳がアメリカの違憲審査制を深く研究して、いくつもの、貴重な指摘を行っていたことを知ることができる。宮沢は、すでに指摘したように、自然権否定論から自然権論に転向する際に、ドイツ、フランスの憲法学を取り込んだが、高柳を無視し、アメリカ憲法の違憲審査制の議論を無視した。このことが尾を引いて、他の憲法学者も高柳を無視することになり、日本国憲法の違憲審査制に関する研究は大きく遅れた。また、これは、芦部にも引き継がれて、芦部の憲法訴訟論も、高柳抜きで始められ、高柳に学べば避けることのできた大きな弱点を内包するようになった。

高柳は、たしかに、内閣の憲法調査会の会長に就任したので、左翼護憲派の憲法学者が、英米法研究者としての高柳を無視した政治的な動機は理解できる。また、憲法学界には、基礎法の研究者は役に立たないとする差別的な意識があった。だが、そのことで憲法学自体がレベルダウンしたのであるから、それを見ていた田中の痛切な批判には、聞くべきものが多かった。(173)

5 今、憲法改正国民投票制の樹立経過を議論する意味

(1) 憲法史、憲法学説史としての問題点

日本国憲法の制定から六〇年経過した今、私は、その制定史を改めて検証してきた。いまさら、当時の事情をほじくり返して、何が出てくるのか。この作業の意味はどこにあるのか、という問は常に

私の心中にある。

私は、さまざまな思いをこめて学界の先人たちの足跡を見ているつもりである。優れた問題提起をしていたのに、制定当時の社会では、誤解され、あるいは無視された人々もいる。逆に時流に乗って、無思想な言辞を振りまく人々もいる。後進の私としては、どこかで先人の業績に触れ、世の誤解を解いておきたいと思っている。そうしておかないと、ちょうど私が、敗戦直後の宮沢俊義らをひたすらに褒め称えるだけの戦後期の憲法学者に感じているのとそっくり同じような違和感をこめて、私たちの世代が、後世の研究者から、なぜ戦後期憲法学の軽薄な風潮に加担してその真実を明らかにしなかったのかというそしりを受けるに違いない。

私は、大日本帝国憲法の改正の経過における日本側の努力を軽視している憲法史、憲法学史は不当であると思う。たしかに日本は敗戦し、連合国軍に占領された。当時、左翼の間に、「連合国軍は解放軍」だとする、いわゆる「解放軍規定」という認識があり、GHQは日本の市民の味方であるという言論が多かった。私も、基本的にはそうだったのだと思うが、ただそのことは、いかにも軍人らしい荒っぽいやり方での物事の進め方を全面的に美化して褒め称えることまでは合理化できないと思う。

当時の日本には、敗戦と被占領という事態の急変があったが、その現実に向き合って日本の再建を志しながら、その中でなお自分の考える日本のよさを残そうと努力した人々がいた。GHQの軍人たちよりもはるかに高いレベルでの学識があり、日本における市民主体の政治の実現を考えていた人々もいた。私は、憲法に関する思想の内容では自分と一致できないとしても、こういう、困難な状況の中で自己を貫き、いわば占領と対決した人々のことを無視したままにしておきたくはない。

ここで具体的に取り上げたのは、敗戦後の日本で、ポツダム宣言によって要求されている「日本国国民ノ自由ニ表明セル意思」を実現するために、国民投票制の導入を考え、それを検討していた人々を無視することの問題性である。彼らは、国民投票を直接民主主義の文脈で理解して、天皇主権の憲法でも十分に実行可能と判断していた。いや、むしろ、国民投票を行うことで、日本社会における天皇制支持の民意が明らかにできると思っていたようである。憲法改正における国民投票を最初に主張したのは天皇主権論者であったということを無視してはいけない。近衛、佐々木の憲法改正案が国民投票制の導入を主張していたことも無視してはいけない。

次に、ここで問題にしている国民投票には、実は二つの局面があり、改正手続きの前段階における国民発案、あるいは国民発議と、改正案確定後の最終段階における国民表決とが考えられていた。この二度の民意の確認という考え方は、近代デモクラシーにおける国民投票についての正統な理解であり、天皇主権論者だけでなく、高野岩三郎、鈴木安蔵らの共和制論者もこういう理解であったし、憲法学者もこのように理解していた。この事実も無視してはいけない。

これと裏腹であるが、GHQの軍人たちが作った日本国憲法の草案の中に国民投票の条文があるからといって、それを過大評価することもよくない。GHQは、どちらかといえば国民投票制への理解は不十分だったのであり、GHQ草案における全面的な国民投票の採用は、ぎりぎりの土壇場でホイットニー民政局長の発意で決まったことと思われる。しかも、その際には、すでに日本側では十分に理解できていたように、前段の国民投票（あるいはこれに代わる議会選挙）で憲法改正の主要な論点について、改正の可否に関する民意を明らかにして、可とされた部分について、その趣旨に添った改正案を作成し、その後に、後段の国民投票で、できあがった改正案の賛否をもう一度問うという手続きの理解とは異なって、GHQは、フィリピン憲法をモデルにした、改正手続きの最後の段階での国民投票だけを採用するという中途半端な構想であったのである。私は、GHQが国民主権主義の貫徹に熱心であり、憲法改正権力の所在が国民にあると明示せよと日本側に強く指示したことは認めるが、彼らが、国民投票制度をどこまで重要視していたのかは疑問があると思う。

(2)　明らかにするべき官僚、憲法学者のGHQへの癒着

もうひとつ、日本の憲法史、憲法学説史で再検討を要するのは、憲法改正問題におけるGHQと日本の官僚、日本の官僚と憲法学者の癒着の関係である。その具体的な内容については、これまでに検討してきたので繰り返さないが、要するに、俗に「GHQと日本側」といわれている関係は、実はその多くがGHQと日本の政府、官僚との関係であり、官僚は、しばしば、自らの支配権の維持に役立つように憲法の内容をゆがめ、それをGHQとの交渉で認めさせるとともに、あたかもGHQの意向

であるかのように装って日本国内に押し付けていった。古関のいう、「日本化」である。そして、それを憲法理論的に弁証して、できあがった官僚好みの日本国憲法を、主権在民、平和主義、人権尊重で理論的に美しく飾り立てたのが、官僚法学の憲法学者である。

当時の日本を振り返れば、多くの優秀な人材を戦争で失い、産業も社会組織も、まず、戦争中の国家総動員体制の構築の名の下に官僚によってぼろぼろにされ、次いで戦禍によって大きな被害も受けていた。昭和期の立憲体制は、満州事変、二・二六事件、日中戦争の拡大などにより、日本軍部に占領されて打撃を受け、ついで、占領軍、GHQによって占領されて崩壊した。この、日米両軍による一五年以上の占領という激動の時期を、組織を温存して生きぬくことができたのは、軍部に協力的であった官僚と学者でしかなかった。だから、敗戦後の日本で、GHQの要求にこたえて国家と社会の再建を図ろうというときに、その役割を担うことができたのは、傷つきはしたもののなお構造的にはしっかりと残っていた官僚と、東大中心の官僚派の法学者でしかなかった。多くの官僚と法学者は、つい先日まで戦争の遂行に献身していたか、あるいは人材の温存ということで軍の内部の安全な場所に避難していて、敗戦とともに復帰したかのどちらかであった。こういう官僚と法学者でしかなかったが、それでも、ポツダム宣言のいう民主主義と人権の保護を実現するために日本が彼らに依拠したことはやむを得ない選択であったと思える。

また、GHQに対する官僚や法学者の癒着を考えるときには、敗戦後の日本では、占領軍批判の自由がなかったということも考えなければなるまい。占領軍の行っていた「検閲」については比較的よく知られている。占領軍は、戦前の日本政府が植民地朝鮮で行ったやり方をまねて、検閲で削除した部分を白紙の状態や×××と並ぶ伏せ字の状態で出版させる方式ではなく、検閲で削除した部分に他の記事を入れさせて、検閲で削除されたという事実自体をカモフラージュさせることまで要求した。

もう一点、軍人、軍国主義者らの「公職追放」があった。これは比較的に知られていないのだが、官僚であれ、政治家であれ、言論人であれ、財界人であれ、学者であれ、占領軍ににらまれるような批判をすれば、戦争中の言動を理由に公職から追放される。それも、一九四七年一月の第二次追放で、公職を奪われる人々の範囲が大幅に拡大されるとともに、追放される軍国主義者の三親等までの家族が、被追放者の勧めていた公職につくことが禁止されることになった(174)。

しかも、GHQの行った公職追放では、たとえば東京大学からの追放者は東京大学の関係者が審査して決めるという仕掛けであるから、同僚審判となり、さまざまな人間関係がそこに入り込む。たとえば東京大学法学部を追放された安井郁は、自分を追放したと考えた丸山真男を、終生、恨み続けた。同じく、東大法学部の教授であった矢部貞治は、一九四五年一一月四日、法学部長の南原繁が、GHQの公職追放指令が出てから、東大法学部研究室の横田喜三郎の部屋に「法学部の若い連中」である鈴木竹雄、田中二郎、石井照久が集まって、「積極的に我々も何とかしなければならぬ」と相談したこと、そこでは、国際法の安井郁の進退が問題になったが、矢部貞治、小野清一郎も、大東亜共栄圏という思想が結局戦争を奨励したという理由で問題になっていることを矢部に語ったと記録している。(175)南原は、「高木八尺教授は断じてそんなことは問題にさせぬと言って、横田一味の策謀を憤慨してゐられる」、「この一味とはあくまで戦はねばならぬ。大学と国家を毒することこれらの罪こそ大だ」、「そしてこれは国家のためだから自分も最後まで戦ふつもりだから君も主観的な潔癖に陥らず頑張って貰ひたい」と述べている。矢部自身も、「横田一味」について、「狭量醜悪の淫売婦的根性が横田を中心として二三の連中に巣喰ってゐる。自ら抗争を刺戟して国家を亡ぼさんとする」と非難している。当時の同僚告発がいかに陰惨なものであったのかをよく伝えている。

この、三親等の家族までの追放という苛烈な制度によって、どれほどの人々が沈黙の道を選ばなければならなかったのか、逆に、GHQに癒着した人々がいかに羽振りよくなったのかは、なお未解明の事実として歴史の暗闇に残されている。この公職追放関係のGHQ資料は、都合悪くだか都合良くだか分からないが、不可解な火災で消失している。

私は、当時の社会に生きていた人々が、GHQ批判をしなかったことを問題にしているのではない。東大法学部の行政法の教授であった田中二郎が、一九四五年八月までは海軍省で本土決戦時の戒厳令の法制度を準備していたのに、二ヵ月後には早くも、一ヵ月に一〇回もGHQに通って、日本管理のために日本の行政システムについて説明していたことも、時代のなせるわざで、しかたがなかったのだろうと思う。だが、すでに六〇年経過した二〇〇六年の今日は、事情が違う。こういう憲法史の事実に背を向け続けるのは、困難な状況でGHQに屈せずに闘った先人に対して非礼であると思う。

(3) 在日朝鮮人排除の経過の無視

ここで、改めて指摘しておかなければならないことがある。それは、憲法学者の説明では、日本国憲法の改正手続条項の形成の中で生じた在日朝鮮人の排除が欠落しているということである。

敗戦後の日本で、政府が、在日朝鮮人の政治活動に恐れを抱いていたことはすでに述べた。天皇制の護持のためには、日に日に高まる天皇制批判は憂慮すべき事態とされたし、もっとも先鋭に天皇制を批判している在日朝鮮人を政治過程から引き離すことは、日本政府の重要な政治課題であった。

私はここで、日本政府の憲法改正作業中の一こまを紹介したい。それは、一九四六年一月一六日に開かれた憲法問題調査委員会の第一二回調査会（小委員会）(176)である。この会議は、草案作成のための内々の作業部会であり、出席者は、松本烝治、宮沢俊義、入江俊郎、佐藤達夫、古井喜実である。

この日の会議の冒頭で、小委員会からの質問に答えて、松本は、自分は、憲法改正はなるべく早く行いたいと思うと述べている。その理由として、松本はきわめて重要なことを口走っている。「私ノ最モ恐レルノハ、最近ニ於ケル様ニ天皇制ノ論議ガ激シクナツテクルト、附和雷同的ナ日本人ノコトデアルカラ、タトヘ現在デハナホ天皇制廃止論ナドハ全国民ノ中真ニ九牛ノ一毛ニ過ギヌト思フケレドモ、コレカラ半年以上モ今ノ様ナ新聞ノ論調ガ続クト、ヤハリ国民ノ思想ニ甚ダ面白カラヌ影響ヲ与ヘルト思フノデアツテ、従ツテ、サウナラナイ中ニ、一応憲法ヲ改正シテ天皇制ニ対スル論議ニ一応ノ終結ヲ与ヘタイノデアル」。ここには、松本の天皇制護持とそのための憲法改正に関する思いが実に明確に示されていると思う。

これに引き続き、松本は、憲法改正の手順についても、やはり重要なことを語っている。松本は、調査委員会の報告が出たあとに、ただちに内閣に官制によって憲法改正審議会を設け、そこに改正要項を付議するが、「要項ヲナルベクハ全然変ヘササナイデ通過サセル様ニ努力スル」と述べている。この審議会の構成員はなるべく少数にするし、衆議院、貴族院の議長、副議長の経験者、両院の代表的な人物、枢密院からは清水澄副議長他一人ぐらい、美濃部達吉と高野岩三郎にもなってもらうということである。松本はここで、さらに、戦犯指定の危険性のある者は除外するとして政党ごとに具体的な人名を挙げ、勢いがとまらなかったのか、委員にふさわしい貴族院議員、衆議院議員についても、個々に名前を挙げて採用の是非を論じている[177]。

これに対して、宮沢は「非常ニ賛成デアル」と賛意を表明した。一方、古井喜実は、松本に賛成せずに、総選挙の結果生じる次の内閣が憲法改正に当たるのであって、現在の幣原内閣はその中間内閣に過ぎないのであるから、憲法改正は拙速を避けて、将来の多数党内閣に委ねるほうがいいのではないか、という慎重論を述べた[178]。大臣に対して学者が追随し、官僚が異論を述べるという奇妙な展開である。

これに対して松本は、次期の内閣が幣原内閣の改正案を踏襲する可能性が高いことを指摘して、また、自分たちの作っている案は最善のものなのであるから、幣原内閣の辞職の前に「審議会ヲ通過サセテシマヒタイト考エテヰル」と述べた[179]。つまり松本は、松本私案を基本にした調査会の報告のままに、幣原内閣の在任中に憲法改正の政府案を確定させてしまうという考え方なのである。

驚くべきはこれを支持した宮沢の発言である。宮沢は、松本の発言を引き取って、「現内閣ハ成程中間内閣デハアルニシテモ中間内閣タルガ故ニ何事モナシ得ナイト云フ理由ハナク、来タルベキ多数党内閣ガ民意ノ上ニ立ツテ行フデアラウ所ノ政治ヲ現内閣ガスルノダト云フ自信ヲ以テ憲法改正ヲ進メテ行クコトニ何ノ差支ヘモナイ[180]」と言い切った。

「将来の国民は、この独裁的な私が、実は国民の意思を先取りして実現していたことに感謝するであろう」。これは、およそ古今東西の独裁者が好んだ弁解の言葉である。こんな理屈が成り立つなら、民主主義も選挙も要らない。

民主主議というものは、施政者が民意を勝手に忖度するのではなく、現実に投票という市民の行為を通じてその意思を測定する政治システムである。「現内閣が、来る次の選挙で示される民意と、それに基づく新しい多数党内閣の改憲の方針を先取りしておこなっているという自信をもって作業を進めよう」、「現内閣のうちに憲法改正の政府の方針を確定させてしまおう」、こんな理屈が通るなら、現内閣は、次の内閣の方針だけでなく、次の次の内閣も、またその次の内閣の方針も先取りして、これらの内閣に代わって永久に権力を行使すればよい。これは、専制政府の言い分であって、民主主義的な政治信条の持ち主であれば、決して口にすることはないであろう。

自分たちは、将来の主権者国民の意思と、それに基づく多数党内閣の意思を先取りして現在行っているとと思えばいいじゃないか。松本委員長はそのようにお考えなのだから、私たちも自信を持って進めばいいのだ。それには何の差支えもない。松本の眼前で、ここまで松本にお追従をする宮沢は、官僚出身の古井も及ばないゴマすりぶりで、醜態である。そして宮沢は、一ヵ月後に、この松本を見捨ててGHQに走ったのであるから、さらに醜悪である。

話がそれたが、本論に戻ろう。ここでの内容上の要点は、在日朝鮮人を中心にする天皇制の批判が高まらないうちに憲法改正を済ませてしまおうという松本の考え方が明確に示されたことである。松本は、一九四五年一一月、この委員会の最初の段階で、「人民投票というようなものは、憲法改正に関するものだけでなく、すべて駄目だ」と述べているし、一二月には選挙法改正で在日朝鮮人の参政権を剝奪して憲法改正への発言力を奪っている。これもすでに述べたように、日本政府は、GHQ草案の、人権に関する内外人平等処遇原則の条文を削除してしまった。いうまでもなく、ポツダム宣言が将来の政府のあり方を決定する者と考えたpeopleは、日本列島上で生活しているすべての市民である。そこから、旧植民地出身者を排除したのは、日本政府であり、私は、これはポツダム宣言違反であろうとも思っている。この事実が、なぜか、日本国憲法制定史の叙述の中から消えているのである。

(4) 憲法第九六条に関する憲法学者の議論

日本国憲法の施行後、憲法第九六条の国民投票に関する議論は極めて低調であった。東京大学法学部の憲法研究会は、スタッフを動員して研究チームを組織し、その共同研究の結果を公表するとともに、さらに改訂して独立した解釈書『註解日本国憲法』[181]に仕上げた。憲法改正を担当したのは労働法の若手の助教授、石川吉右衛門であった。彼の書いた論文[182]は、珍しく国民投票について懐疑的であり、制度の改正による可決要件の軽減化を提唱したが、日本国憲法にはふさわしくないと思われたのか、単行本にする段階で第九六条を説明する別人の原稿と入れ替えられた[183]。

国民投票論が盛り上がったのは、一九五二年に選挙制度調査会が「日本国憲法の改正に関する国民投票制度要綱」を答申し、ついで、自治庁が「日本国憲法改正国民投票法案」を作成したからである。検討の中心であった自治庁選挙部長の金丸三郎は、第一五国会に提出する予定で作業してきた法案が、政治的な理由で見送りになった段階で、その内容の概要を公表している[184]。

この金丸論文は、実務者としての観点から詳細を極めた良い研究と高く評価することができる。ただ、ここでは、問題の視野は、第九六条の趣旨をどう実現するのか、という点に絞られており、憲法制定過程における市民の参加について、基本的な憲法原則はどうあるべきなのか、とくに、手続きの前段階でのイニシアティブと、最終段階のレフェレンダムは総合的に考えてどうあるべきなのかについては筆が及んでいない。

憲法学者では、たとえば小島和司「憲法改正国民投票法案について」[185]のように、金丸論文の射程内で、最初から憲法第九六条の制度化を考え、誰もが気がつく小さな理屈や、アメリカやスイスのように以前から言われていたわずかの諸外国の例を指摘して議論するのが慣例のようになっていた。原田清司「憲法改正の諸問題」[186]も、憲法理論の詳細な検討をしているが、論点の整理に終始している。実務家の林修三は二度にわたってこの問題に触れているが[187]、これもまた、すでに論じつくされた論点での解釈論の枠を出ていない。憲法学による問題の創造的な発展は遅れた。

芦部信喜は、一九五六年に、この問題に関する憲法学の最も優れた研究成果である「憲法改正国民投票制に関する若干の考察」[188]をあらわしており、さすがにここでは新しい問題の視角が提供されている。また、大石義雄に「日本国憲法と国民投票制」[189]があるが、制度の紹介が主である。だが、その後に散見されるいくつかの論考は、おおむね同工異曲の感が禁じえない。小林直樹には、内閣の憲法調査会に提出した長大な『憲法改正条項の考察』があるが、国民投票制の導入で、憲法改正が困難になってもっとも硬性度が高まったという一方で、レフェレンダムは「最も民主的な制度」[190]ともいっている。硬性度が高いと民主的だという理屈も分からないし、レフェレンダムだけで「最も民主的な制度」だというなら、より民主的なイニシアティブとレフェレンダムの併用はどういえばいいのか、これも分からない。

なお、戦後憲法学は、一貫して、フィリピン憲法の存在を無視している。これについては、第二次大戦中にすでに全文が日本語に訳されており、[191]当時学界から追放されていた美濃部達吉にはそれを見るチャンスはなかったかも知れないが、宮沢らには、十分の機会があった。しかし、たとえば刑部荘が松本委員会のために作製した資料[192]にも、それは扱われていない。GHQ草案に接した段階でも、これに言及した学説は見たことがない。そして、第二次大戦後の、欧米の比較憲法論の書物が、憲法改正国民投票制の一つのタイプとしてフィリピン憲法に注目して扱うようになっても、日本の学界はそれを無視してきた。過剰な思込みが、眼の前の真実を見えなくするという一つの例である。

(5)　田畑忍の憲法改悪反対論

そういう乏しい成果の中で、私は、田畑忍の議論に注目している。田畑は、一九五三年の論文「憲法第九十六条の解釈[193]」において、歴史の発展の方向に憲法を改めてゆく憲法改正と、それと異なった内容の改悪を峻別して、憲法第九六条は、国民に改正権を認めているのであって、改悪権ではないから、改悪は許されないと主張している。

これは強引な理屈である。憲法改正という言葉は「憲法を改める」ということ以上の意味を含まない。内容的に正しく改めるということは意味していない。ちょうど「正月」に、正しい月ではなく、歳を改める月という意味があるように、である。もし、内容的に正しい改正と正しくない改正の違いを意味したいのであれば、日本語では、「善悪」という対語があるが「正悪」という対語はないのだから、「憲法改善」と「憲法改悪」という風にいうべきである。また、正の対語は邪であり、「正邪」なのであるから、悪質な憲法改正は、あえていえば「憲法改邪」であろうか。いずれにせよ、自分の気に入らない法律改正を「改悪」と罵倒して、「憲法改悪反対」と叫ぶような態度は、運動であればまだしも、憲法学上の用語例としては適切でない。

だが、私は、ここで何も田畑を批判したくて引用しているのではない。田畑が、正しい憲法の在りようを追求するあまり、国会が誤って憲法改悪案を発議したときは、「国民はこれを国民投票に於て否決しなければならない。国民は主権者であるから、如何ようにでも憲法を改悪する恣意を有するものと考えることは誤りである。即ち、主権者といえども恣意は許されない。主権者もまた憲法に遵うべしとするのが、憲法主義または民主々義だからである[194]」と割り切っていることが注目に値すると思うのである。この論理をさらに押し進めれば、国民投票の結果でさえも憲法違反になることがある。ここまで法論理を貫こうとする姿勢は立派である。なお、田畑は、これと同じことを『憲法学原論[195]』においても展開している。

⑹　一九九〇年代以降の学説の展開

一九九〇年代に入ると、政治の世界での憲法改正論議の活発な検討を反映して、とくに改正反対派からの国民投票法に対する批判的な論調の文章が増えたが[196]、学術的な論文の水準に達したものは少ない。また、今井一らは、国民投票の実現を目指して活発に論陣を張っているが[197]、それとても、基本的な論点は、スイスの国民投票に倣った制度を日本にも導入しようということに尽きており、新しい問題提起とはいえない。

そういう中でも、少数ではあるが、とくに興味惹かれる論文がいくつか公表されている。鈴木法日児「『憲法改正手続き』について」は、追加・増補方式の憲法改正と議案の形式を指摘している[198]。竹花光範「憲法改正の発議と国民投票」[199]は、なお多分に従来のいわゆる解釈論文の影をひきずっているが論点が良く整理されている。高橋正俊の二編の論文、「憲法改正のための国民投票法について」[200]と「日本国憲法改正規定の背景」[201]は、制定経過をきちんと見据えた、優れた研究業績である。また、福井康佐「憲法改正国民投票における運用上の諸問題」[202]も、憲法解釈論の枠を超えて制度研究を行っており、評価できる。論点を整理した、久保健助「『憲法改正国民投票法』に関する予備的考察」[203]もある。

(7) 憲法制定過程の検討が今日の国民投票法の議論に投げかけている問題

今日、国会を中心に、国民投票法に関する議論が盛んである。そこで、多くの意見が一致しているのは、市民の意見を聞き、その意向に沿った憲法改正が望ましいということである。私も、こうした直接民主制の制度を活用した憲法改正に期待している。

憲法制定史を見れば、当時、日本の関係者の間では、諸国の実例も参考にしながら、改正手続きとしては、まずさまざまな形で市民の意見を聞き、情報を示して改正の構想ないし大枠、あるいはラフな改正案について、その広がりに応じて、全体として、あるいは部分ごとに国民投票で賛否を問い、賛成と決したものについて、議会中心に草案作成を行い、できあがった成案について、最終的に一括してもう一度の国民投票で賛否を問うことが考えられていたことが分かる。この考え方は、しかし、GHQによって考慮されることはなかった。GHQは、誤解して、憲法改正案が議会で議決された後の国民投票だけでもよいと考えたようである。

したがって、問題は、憲法第九六条を、当時日本側の関係者が考えていたような、国民発案と国民表決という二段階の民意の確認の制度と理解できるかどうかである。二段階で民意を確認するというのであれば、第九六条はできあがった改正案の全体について、国民の賛否を一括して問う制度であることになる。国民表決一本で民意を聞こうとすると、この段階で民意を細かく聞く制度であるべきだという意見も出てくる。この、民意を細かく聞く方式には、条文別に聞くべきだという意見が取り上げられるが、これを支持する者はいない。争点ごとにいくつかのブロックに区分して意見を聞くことが可能で、むしろそういうほうがふさわしいとするブロック化の意見のほうが支持されやすい。

いくつかの論点がある改正の場合に、国民投票（レフェレンダム）で「それらを一括し、一体として、その賛否の意思表示を求めることは、国民に対する無理強いの譏りを免れないであろう」と、主張する見解がある。(204) 一括してはならないという見解もある。(205) 私には、どうしてこんなことがいえるのか、見当がつかない。世界各国で実行されている憲法改正の最終段階での国民投票（レフェレンダム）は、一括した賛否の問いかけである。よく引用されるカリフォルニア州の憲法の場合も、主権国家の主権をかけた憲法改正ではないのだから、この例を使って国民主権原理を説明するのもどうかと思うが、それはさておくとして、ここで一括投票が禁止されているのは、議会の作成した改正案の住民によるレフェレンダムの話しではなく、イニシアティブのことである。諸外国のレフェレンダムは、一括承認を求めることで、いずれもその国の国民に無理な判断を強いているものなのか。世界中の多くの国が国民主権に反し、無理強いの「譏りを免れない」のか。どうしてこんなことがいえるのか。私には見当もつかない。

この見解は、憲法改正手続きの前段階で行われるべき、主要な改正点の提示、討議と国民投票による可決という前段の国民投票の要素を、この、最終局面でのレフェレンダムの中に突っ込もうとしている。民主党などの野党の考え方も、ブロック別の投票を主張している。だが、こういう風に憲法第九六条を解釈するのは、制定史の事情からすれば、およそ考えられていなかった不思議なことである。それにそもそも、この二つの機能をひとつの投票機会にかねようというのは、制度設計に無理がある。他の国の実例がそうであるように、民主主義の国では、憲法改正の是非については、直接民主制的な要素を入れて、まず、憲法改正の構想を大枠で国民に提案してその判断を仰ぎ、それが肯定されたら、その後に、草案作りに着手すべきものなのである。そして、改正案が完成して、議会で議決された段階で改めて国民の意見を聞き、賛成が多ければ改正作業が完成するのである。これはいわば二段階投票の制度である。それを最終局面での一度の投票に限定して、ある部分は賛成、ある部分は反対となったら、その混乱はとてつもなく大きい。こういう混乱を招く制度設計は誤りである。

完成した提案をレフェレンダムで部分的に否決された議会はどう処理すればいいのか。奇怪な政治的な現実が出現するであろう。かつて、鳩山内閣は、自衛隊が憲法第九条に反するとして、第九条の改正にとりくむことを明らかにして民意を問い、結局、過半数は維持するものの三分の二は確保できないというポジションに落ち込んで苦吟した。その結果生まれてきた解釈改憲という手法が日本の憲法にどれほどの不幸をもたらしたのかは、憲法学者であれば誰でも骨身にしみて分かっていると思う。

自分たちが発議した憲法改正案を部分的に否決されたときには、衆参両院で三分の二を越える多数派の議員たちは、どのような部分であれ、憲法改正の提案が否決されたからといって政策を変更することにはならないと思われる。両院の三分の二以上の賛成をえているような政策にはそれなりの公益と必要性があってそうなっているのであるから、むしろ、自衛隊と第九条の場合に似せて、解釈改憲でしのごうとするであろう。

これは、立憲主義の観点からは美しくない。そこで、実際の憲法改正作業では、何が何でも国民投票で全項目を可決させようということになる。二院制議会の両院で三分の二を越える力のある政治勢力が国民投票における一括賛成を迫れば、そうならないような事態はほとんど考えられない。この場合、国民投票は、主権者としての意思決定というよりも、実態においては「国民投票祭り」に近いものになるであろう。私は、憲法第九六条の国民投票はこういうものになるであろうし、かつてこの経験がない日本では、それはそれで多少は意味があるのではないかとも思っているが。

こういう事態が生じるのは、憲法第九六条の国民投票に過剰な期待をかけた解釈を行うからである。私は、この条文は、制定経過の議論から見れば自明なように、完成した原案の一括承認の手続きと考えるべきだと思っている。そして、今、野党案が求めているような、内容に関する主権者市民の意思は、別の機会に明らかにするべきだと考えている。つまり、第九六条はレフェレンダムの規定と理解して、それと別に前段の国民投票の制度化を考えるべきだということなのである。(206)

この前段の国民投票の手続きについては、憲法上の定めはない。主権者市民が、国会の議論を通じて、法律という形で実現すべきものである。日本国憲法は、憲法上の改正手続きとしてはイニシアティブを規定していないが、それを否定したり禁止したりしているものでもない。国民主権論者は、実際には憲法第九六条の解釈に逃げ込んでイニシアティブ必要論の内容を主張している。だが、国民主権という大原則が第九六条の背後にあると主張するのなら、いっそのこと、憲法改正権力は主権者国民のものであり、第九六条にどう書かれていようとも、それによって主権者の持っている権限を剝奪することはできないのであるから、憲法上のレフェレンダムに並んで、法律によるイニシアティブを制度化するのは当然のことであると開き直ればいいのに、と思う。憲法第九六条を国民主権的に解釈するのではなく、国民主権の立場から、憲法第九六条にとどまらない合理的な制度設計をするほうがいいのではないか。そこに思いを致せば、何がなんでも第九六条の国民投票手続きの中で国民の意思を詳細に聞きたいという無理な解釈、不合理な制度設計から解放されることになる。

たとえ話しはしばしば危険であるが、ここで、憲法を家にたとえさせていただきたい。憲法の制定は家の新築である。憲法の改正は家の改築である。新築であれ、改築であれ、事前に施主と十分に打ち合わせをして、その希望を聞き、それから設計が始まり、工事に着工して、建ちあがる。そして、建ちあがった段階で、施主に竣工の検査をしてもらい、希望どおりに建っているかを確認してもらう。これが常識である。施主の希望も聞かないで勝手に工事を始めて、建物が建ちあがってから初めて施主の意見を聞くということでは、その希望に食い違った家を作ってしまう危険性がある。また、竣工検査で、二階はいらないから壊せとか、柱はもっと細くしろ、東側に向いた玄関を西向きにしろなどといわれたら、大工はお手上げである。

憲法第九六条の国民投票に多くを期待するやり方は、この竣工検査一本というやり方に似ているのではないだろうか。家を建てるときでさえ、最初に施主の希望を聞くことになる。憲法の改正をしようというときに、なぜ、最初に、主権者市民の意見や希望を聞かないのか。あるいは、なぜ、イニシアティブを制度化しないのか。この常識的な疑問に、きちんと答える憲法解釈が望まれる。

私は、一九四五年に日本人が考えていた、「イニシアティブとレフェレンダムの併用による民意の判断」という制度を、六〇年遅れになってしまったが、実現するべきであると思う。高野岩三郎の憲法研究会や、東大の憲法研究委員会が考えていたような、前段の国民投票の併用を考える制度を作ることが、GHQの強引な干渉によって、自主的な憲法改正の議論を中途で押しつぶされた日本の関係者の無念を晴らす道でもあると思う。

民主主義の政治制度には、「代表」という機能と、「統合」という機能とが求められる。憲法に関する市民の多様な意見を「代表」させるのは前段の国民投票の機能である。改正案決定の最終段階での国民投票は、多様な意見を賛否の一点に集約するように求めて、「統合」する機能を営むべきなのである。私には、国民投票を推進しようとする人々が、なぜ、この不自由な憲法第九六条の国民投票の制度一本のなかで、「代表」機能も「統合」機能も果たそうというのか理解できない。それが可能だとする判断も理解できない。

なお、最後になったが、衆議院憲法調査会事務局は、最近、国民投票法制度に関する資料集を発行している。制度の紹介についてはよくまとまっているが、何といっても基本が従来の憲法学の議論であるから、欠けている部分も多い。

(8)　真の憲法改正国民投票制度の提案

もし今、一九四五年当時の先人たちが生きていて自由にものがいえたら、どういったのであろうかと考える。それを参考にしながら、これまでいわれてきた「真の住民投票」という主張になぞらえて、市民主権からの「真の憲法改正国民投票」の制度を提案したい。

まず、国会は、憲法問題については、これまで衆参両院の憲法調査会などで行ってきた調査を基礎にして市民に向けて改正の趣旨を説明し、十分に判断できるように情報提供してもらいたい。そのうえで、国民投票法を制定して、改正の大まかな趣旨をブロック化して列挙して、項目別に国民投票で市民の賛否を問うという制度を作ってもらいたい。福井は、これを「先行投票」「助言型国民投票」と呼んで議論しているが、イニシアティブの成立要件はレフェレンダムよりも簡易であるのに、そこで成立してしまうと、事実上の拘束力が生じてその後の改正作業やレフェレンダムを拘束することになるという危惧を表明している。[207] これは、イニシアティブの成立要件の厳格化という制度設計によって解消すべき問題点であると思う。

この国民投票で主権者市民の多数が賛成した改正項目については、国会議員を中心に、司法関係者、自治体代表者、市民の代表も入った形の草案作成委員会で慎重に検討することにしてもらいたい。

この委員会で成案が得られたら、議会にかけて必要な修正を加えたうえで、憲法第九六条の定めに従って、両院の三分の二の特別多数決で議決して、国民投票にかける手続きを実行してもらいたい。

そのためには、国会法などの関連法の改正も必要であるが、私としては、国会法改正にあたっては、憲法改正案について両院の意見が割れたりする事態は避けるべきだという観点から、衆参両院の合同会議において討議してひとつの憲法改正案の成案を作成し、それを各々の院に持ち帰って必要とされる三分の二の賛成をえるための議決にかけるという方式の採用を勧めたい。憲法改正のような重要事項については、内容に関する衆参両院の一致した意見による発議が望ましい。衆参合同会議は、必ずしも国会法の改正がなくても両院の決議で実行できる(208)が、法律上も明確に規定したほうが、安定感がある。

憲法第九六条に基づく国民投票は、憲法という家の改築の竣工検査である。全体としてのバランスを考慮して、全体に対する賛否を意思表示する制度として組み立てて欲しい。

こういう手続きが、国民主権、直接民主制の要素を取り入れた憲法改正手続きではないだろうか。くどいようだが、憲法は、成案完成後の国民投票を求めているだけで、前段の国民投票を法律に基づいて制度化することを禁止はしていないのである。そして、日本国憲法の下での市民運動は、これまでしばしば、平和にしろ、人権にしろ、地方自治にしろ、自分たちが新しい政策を主張し、それの制度化を追求して実現することで、日本国憲法では紙の上に書かれただけの価値を、実際に社会で活かし、血肉化してきた。環境権を保障する憲法規定は実現されていないが、環境権という憲法上の権利を前提にした環境基本法以下の法制度はある。私は、市民的な立場から、前段の国民投票を実施する法律の制定を市民が要求し、市民が実現していくことの中に、憲法改正問題のリーダーシップを市民が自分のものにする、真の市民主権確立への道があると思っている。

日本国憲法の下で、各種の立法や条約の締結に際して国民投票制を採用できるかどうかは、一つの論点であり、議会での検討以前に国家意思を拘束する拘束的国民発案制については、否定的な意見が強い(209)。しかし、憲法改正の場合は、後段にレフェレンダムが設定されているが、その機会だけで主権者市民の意思を聞くことには無理があるのだから、民意を確かめる権限の一部を前倒しして、前段で市民の意思を問うことは、第九六条から湧出してくる自然な制度の拡充であるし、一般的な拘束的国民発案制度を憲法違反と見る考え方とも矛盾しない。

この新制度の作成にあたっては、在日朝鮮人の排除という過去における誤った選択を反省して、ポツダム宣言当時の原則に立ち返って、当時から日本に生活の本拠を置き続けてきたすべての人々に、参加の権利を認めるべきだと思う。また、これは別稿のテーマなので結論だけ書いておくが、こういう国民投票手続きは国外からも理解しやすいように、公開し、また、外国語、特に北東アジアの言葉でも理解できるようにしておくべきであろう(210)。

私は、日本国憲法を市民主権の憲法と理解している。憲法第九六条に国民投票という制度が定まっただけでは、改正手続きにおける市民主権は実現しない。市民側からの創造的な提案が待たれているし、それを漸進的に実現する、市民の「日々の立憲」が、この領域でも求められているのだと思う。

（1）佐藤達夫『日本国憲法成立史』第一巻（有斐閣、一九六二年）一七三頁。
（2）入江俊郎「法制局第一部部内会議要録『憲法改正ノ基本的立場』一九四五年一〇月二三日」芦部信喜他編『日本国憲法制定資料全集（一）』（信山社、一九九七年）四五頁。
（3）江藤淳編『占領史録第三巻・憲法制定経過』（講談社、一九八二年）六三頁。
（4）中村哲「憲法改正と天皇制」潮流一九四六年一月創刊号四四頁。
（5）ロバート・ウオード「戦時中の対日占領計画」坂本義和＝ウオード編『日本占領の研究』（東京大学出版会、一九八七年）四七頁。
（6）アメリカ本国での検討については、原秀成『日本国憲法制定の系譜II・戦後米国で』（日本評論社、二〇〇五年）が詳細に検討しており、役に立つ。
（7）佐藤『成立史』第一巻一八〇頁。
（8）原『制定の系譜II』六七七頁。
（9）原・同前七一七頁。
（10）「マッカーサー声明」朝日新聞一九四五年一一月三日。原『制定の系譜III・戦後日本で』五〇九頁。
（11）ウオード「戦時中の対日占領計画」七三頁。
（12）ヒュー・ボートン「日本：戦後政治の諸問題」（一九四三年一〇月六日）。ただし、ウオード・同前七一頁による。
（13）原『制定の系譜II』七五四頁。

(14) 矢部貞治『近衛文麿下』(近衛文麿伝記編纂刊行会、一九五二年)五九一頁。
(15) いわゆる「高木メモ」である。佐藤『成立史』第一巻一八四頁。
(16) 連合国最高司令部民政局「日本の新憲法」国家学会雑誌六五巻一号(一九五〇年)二〇頁。なお、原『制定の系譜III』三四九頁は、この民政局による「日本の新憲法」の発表に際しては、ハッシーが叙勲狙いで資料を改ざんしたと批判している。改正手続きについては、アチソンがイニシアティブと明言したのかどうかがハッシーによる改ざんのポイントである。この時期のGHQは、直接民主制には冷淡であった。GHQ側の発言はなかったのに、ハッシーが、GHQの提案の一貫性を強調しようとして、一九四五年一〇月の段階で早くもGHQ側がこれについて触れたと改ざんした可能性がある。あるいは、GHQ側は、ちょうど日本語のイニシアティブのように、一般的に市民主導でという意味でこの言葉を使ったのかもしれない。
(17) 憲法調査会『憲法制定の経過に関する小委員会第九回議事録』(大蔵省印刷局、一九五八年)一三頁。
(18) 水野直樹「在日朝鮮人台湾人参政権『停止』条項の成立—在日朝鮮人参政権問題の歴史的検討(一)—」世界人権問題研究センター研究紀要一号(一九九六年)四三頁。
(19) 芦部『制定資料全集(一)』三三七頁。
(20) 日本国憲法制定過程における外国人の権利の取扱いについては、古川純「外国人の人権(一)」東京経大学会誌一四六号(一九八六年)六三頁がある。これは、主としてGHQ草案提示後を扱っており、それ以前の日本政府側での検討は視野に入っていない。また、同論文は、古川純『日本国憲法の基本原理』(学陽書房、一九九三年)四一頁に収録されているが、特段の追補も、新資料の紹介もない。

(21) 河村又介「人民投票制概説(一)」国家学会雑誌四三巻一一号(一九二九年)一頁、「スヰスに於ける国民投票制(一)(二・完)」国家学会雑誌四五巻一〇号一頁、一一号四四頁(一九三一年)、「ドイツに於ける国民投票制度(一)(二)(三・完)」国家学会雑誌四六巻九号(一九三二年)三九頁、四七巻三号(一九三三年)二八頁、八号五六頁、『直接民主政治』(日本評論社、一九三四年)。

(22) 高見勝利『芦部憲法学を読む』(有斐閣、二〇〇四年)四二〇頁。同『憲法の改正』(国立国会図書館、二〇〇五年)五頁。

(23) 前後の経過からすると、おそらく、河村又介の発言であろうと思われる。

(24) 芦部『制定資料全集(一)』三六六頁。

(25) 平野義太郎「憲法の民主化」法律時報一八巻一号(一九四六年)一頁。

(26) 平野・同前六頁。

(27) 金森徳次郎『日本憲法民主化の焦点』(協同書房、一九四六年)。

(28) 金森・同前三六頁。

(29) 中村「憲法改正と天皇制」四六頁。

(30) 中村哲については、苅部直「『始原』と植民地の政治学—一九四〇年代の中村哲」『「帝国」日本の学知』(岩波書店、二〇〇六年)二三一頁がある。

(31) 金子勝「日本国憲法の間接的起草者、鈴木安蔵氏」立正法学論集三九巻一号(二〇〇五年)五七頁。小西豊治『憲法「押しつけ」論の幻』(講談社現代新書、二〇〇六年)一八三頁。

(32) 金子・同前一一五頁。

(33) 金子・同前一一二頁。
(34) 高柳賢三他編『日本国憲法制定の過程I』(有斐閣、一九七二年)二頁(江橋訳)。
(35) 高柳『制定の過程I』二六頁(江橋訳)。
(36) チャールズ・ケーディス(竹前栄治訳)「日本国憲法制定におけるアメリカの役割(上)」法律時報六五巻六号(一九九三年)三三頁。なお、ケーディスのこの回顧録については、竹前のように資料的価値を高く評価する者もあるが、記憶が不正確になっていることと、同僚のハッシーによる民政局の自画自賛的な報告書『日本の新憲法』に依拠していることから、いくつかの錯覚や誤解があり、資料的には、ハッシーの『日本の新憲法』を覆すような新事実の提示はない。
(37) 高柳『制定の過程I』一三四頁(江橋訳)。
(38) 犬丸秀雄監修『日本国憲法制定の経緯』(第一法規、一九八九年)。
(39) 高柳『制定の過程I』一三六頁(江橋訳)。
(40) 高柳・同前一四八頁(江橋訳)。
(41) 高柳・同前三〇〇頁(江橋訳)。
(42) ベアテ・ゴードン・シロタ『一九四五年のクリスマス』(柏書房、一九九五年)一六五頁。なお、全くの偶然であるが、宮沢はピアノ演奏を趣味としていた。宮沢の音楽の師について、田中二郎はこう語っている。「宮沢さんが豊増昇さんとレオ・シロタの同門の弟子だということですね」ジュリスト六三四号(一九七七年)八九頁。レオ・シロタはベアテ・シロタの父である。ベアテは幼い日に自宅で宮沢と会っていただろうと思われるが、憲法の改正に関して、旧知の両者が遭遇したとか、連絡したという記録は見当たらない。

(43) これの成立事情については、原『制定の系譜II』が全巻に渉って詳細である。
(44) シロタ『一九四五年のクリスマス』一四九頁。
(45) 鈴木昭典『日本国憲法を生んだ密室の九日間』(創元社、一九九五年) 七一頁。
(46) 高柳『制定の過程II』二七七頁。
(47) 高柳『制定の過程I』二頁 (江橋訳)。
(48) 成文憲法主義については、大日本帝国憲法に関して美濃部達吉『憲法撮要第四版』(有斐閣、一九二五年) 七四頁があり、日本国憲法に関して美濃部『日本国憲法原論』(有斐閣、一九四八年) 六四頁がある。
(49) 原『制定の系譜II』七五四頁。
(50) 高柳『制定の過程I』二頁 (江橋訳)。
(51) 古関彰一『新憲法の誕生』(中央公論社、一九八九年) 四二頁、小西『憲法「押しつけ」論の幻』九〇頁。
(52) 古関・同前三三頁。
(53) 高柳『制定の過程II』二〇頁は、ラウエルが「消極的支持」にとどまっていると指摘している。
(54) 鈴木『日本国憲法を生んだ密室の九日間』二八四頁。
(55) 高柳『制定の過程II』二七六頁も「結局その意見のようになった」と表現している。
(56) 高橋正俊「日本国憲法改正規定の背景」香大法学二一巻三・四号 (二〇〇二年) 三〇三頁。
(57) 高柳『制定の過程I』二四六頁 (江橋訳)。
(58) 連合国最高司令部民政局「日本の新憲法」国家学会雑誌六五巻一号 (一九五一年) 四〇頁。

(59) 高柳『制定の過程II』二七七頁。

(60) 高橋「日本国憲法改正規定の背景」三〇九頁。

(61) 高柳『制定の過程I』七八頁（江橋訳）。

(62) 高柳『制定の過程II』五三頁。

(63) フィリピン憲法史については、中川剛『憲法評論』（信山社、一九九六年）一一頁。

(64) 高柳『制定の過程I』二六二頁（江橋訳）。

(65) ケーディス「日本国憲法制定におけるアメリカの役割（上）」は、「彼らの州憲法の記憶とともに、これらすべての資料を参考にした」（三四頁）と述べているのであるから、民政局内部では、アメリカの州憲法に関する議論が飛び交わされたのであろうが、それが憲法改正手続きに関する議論であったことを示す資料はない。

(66) 中川剛『憲法評論』、同「憲法第九条の正体」諸君二三巻九号（一九九一年）六〇頁。

(67) 原『制定の系譜II』七七四頁。

(68) 田中英夫『憲法制定過程覚え書』（有斐閣、一九七九年）五〇頁。

(69) 田中英夫（『憲法制定過程覚え書』五〇頁）、西修（『ドキュメント日本国憲法』（三修社、一九八六年）二〇六頁）、天川晃（天川晃＝袖井林次郎『戦後日本の原点（上）』（悠思社一九九二年）一三九頁）は、このコンフェソールとの会談が、民政局に憲法問題をゆだねる決定的な契機になったと見ている。一方、古川純は、天川との討論（天川＝袖井・同前一三九頁）において、民政局は早くから憲法改正問題に取り組んでおり、ラウエル・レポートはその成果であるという見解を表明している。コンフェソールとの会談の以前には、民政局の憲法改正関係の文書は、個人のカラーの強いラウエル・レポートとラウエル・コメントが一月おきにポツン、ポツンとあるだけであるから、組織として権限づけられて動いていたとする古川説は苦しい。
(70) 河村又介『憲法改正の諸問題—政府草案の解説と批判—』(惇信堂、一九四六年)。
(71) 河村・同前一頁。
(72) 河村・同前一三頁。
(73) 河村・同前一四頁。
(74) 河村は、半年後の一九四六年一一月に、これとほぼ同じ趣旨の主張で、西日本新聞社から『新憲法の制定に就て』(出版途中で『新憲法概説』と改題)を出版しようとしたが、GHQの検閲によって発表が不許可になった(西修『日本国憲法制定過程の研究』(成文堂、二〇〇四年)三四〇頁による)。
(75) 河村『憲法改正の諸問題』一八頁。
(76) 河村・同前一九頁。
(77) 野村は松本の同窓生で、松本は「心易い仲だから」率直に野村案は検討されないことを伝えたといっている。住本利男『占領秘録』(毎日新聞社、一九七五年)八五頁。
(78) 刑部荘「最近の憲法における改正手続の民主化」国家学会雑誌六〇巻六号(一九四六年)一頁。なお、刑部について、高見勝利「刑部荘と『国民による憲法改正』の技術」憲法理論研究会『憲法と自治』(憲法理論叢書11、敬文堂、二〇〇三年)七一頁。
(79) 佐藤功「憲法改正論議の基本問題」国家学会雑誌六四巻二・三号(一九五〇年)一六頁。
(80) 河村『憲法改正の諸問題』九頁。

(81) 河村・同前一二頁。
(82) 河村・同前四九頁。
(83) なお、河村は、さらに、一九四八年の憲法普及会編『新憲法大系二・新憲法と民主主義』(国立書院)において、この趣旨をていねいに主張している。この時期には、日本国憲法への異物感覚はもはや薄れている。河村は、この後、最高裁判所裁判官に就任した。
(84) 宮沢俊義「憲法改正について」改造一九四六年三月号二二頁。宮沢『憲法と天皇』(東京大学出版会、一九六九年)九頁。
(85) 高見勝利『宮沢俊義の憲法学史的研究』(有斐閣、二〇〇〇年)一八一頁。
(86) 宮沢「憲法改正について」二五頁。
(87) 江藤『占領史録』第三巻三九七頁。西修『日本国憲法を考える』(文春新書、一九九九年)三三頁。
(88) 毎日新聞一九四五年一〇月一六日。
(89) イエリネック著(美濃部達吉訳)『人権宣言論』(有斐閣、一九〇六年。日本評論社、一九二六年。日本評論社、一九四六年)。(森英樹＝篠原巌訳)『少数者の権利』(日本評論社、一九八九年)。拙稿「市民的関係の基本権」憲法理論研究会編『現代の憲法論』(敬文堂、一九七〇年)一五七頁。
(90) 「連合国最高司令部民政局『日本の新憲法』解説」国家学会雑誌六五巻一号(一九五〇年)二頁。
(91) 宮沢俊義『憲法と天皇』二頁。
(92) 宮沢彬「父・俊義の思いで」ジュリスト臨時増刊号『宮沢憲法学の全体像』(有斐閣、一九七七年)一九九頁。
(93) 松本については、田中耕太郎「松本博士と憲法改正」ジュリスト三一七号(一九六五年)三〇頁がある。

(94) 日本経済新聞一九四六年一一月四日、ただし、鵜飼信成「憲法改正の限界」世界一九五二年六月号六九頁による。また『尾崎咢堂全集』(公論社)中の短歌集には、この和歌は登載されていない。

(95) 尾崎行雄「新憲法の運用」『尾崎咢堂全集』第一〇巻(公論社、一九五五年)七四三頁。

(96) 尾崎行雄「新憲法の施行を祝す」『尾崎咢堂全集』第一〇巻四四七頁。

(97) 尾崎行雄『民主政治読本』(日本評論社、一九四七年)五二頁。

(98) 各政党の憲法改正案は、さまざまなところで記録されているが、表記に不一致があり、また、カタカナ書きかひらがな書きかなどもばらばらである。ここでは、佐藤『成立史』第二巻七三六頁以下に依拠した。

(99) ケーディス(「日本国憲法制定におけるアメリカの役割(上)」三四頁)は、GHQは、「進歩党、自由党、社会党などが発表した憲法草案の概略」などを参考にしたと述べているが、GHQの作業が押し付けではなく日本側の同意も得ていたといいたいがためのハッシーの文章の引用で、GHQ草案提示後の日本側の改正案までが、草案作成時に参考にしたものに含まれていたりして、信用しかねる。

(100) この時期の各政党の動きについては、中村哲「憲法改正から護憲運動へ」(『政治への不信』実業之日本社、一九五七年)一六二頁が詳しい。

(101) 我妻栄「知られざる憲法討議」世界一九六二年八月号五〇頁。

(102) 田中二郎「座談会　憲法三〇年を回顧して」ジュリスト六三八号(一九七七年)九頁。

(103) 第一次報告は、我妻「知られざる憲法討議」六一頁。

(104) 我妻・同前六二頁。
(105) 佐藤『成立史』第三巻一七三頁。
(106) 高橋正俊「憲法改正のための国民投票法について」比較憲法学研究一三号(二〇〇一年)八九頁。
(107) 佐藤『成立史』第三巻一六一頁。
(108) 吉田茂外相によるGHQ説得の論理は、この「国籍」があると、外交官の治外法権も認められなくなる、というものであった。GHQ側は「早速ひっこんだ」と記録されている(入江俊郎『憲法制定の経緯と憲法上の諸問題』(第一法規、一九七六年)二一九頁。
(109) この点については、古川純=天川晃「新憲法の成立」(袖井=天川『戦後日本の原点(上)』一三九頁)が詳細に論じている。そこでは、敗戦に伴って外国人になった在日朝鮮人、中国人たちに「人権を主張されると治安対策上困る」(古川、一九一頁)と考えられていたとされているが、具体的にどの人権主張が「治安対策上」困ると考えられていたのかは明らかでない。日本政府は、むしろ、政治上の発言権を持たれると困ると考えていたのである。
(110) なお、枢密院における美濃部について、入江俊郎『憲法制定の経緯と憲法上の諸問題』三三〇頁。
(111) 佐藤『成立史』第三巻三八八頁。
(112) 世界文化一巻四号(一九四六年)一頁。
(113) 佐藤『成立史』第三巻四〇二頁。
(114) 清水伸編著『逐条日本国憲法審議録』第一巻(有斐閣、一九六二年)一〇七頁。
(115) 清水・同前一〇二頁。
(116) 清水・同前六五四頁。

(117) 清水『審議録』第三巻四五頁。
(118) 清水・同前七三七頁。
(119) 清水・同前七四三頁。
(120) 清水・同前七四四頁。
(121) 清水・同前七四二頁。
(122) 清水・同前七四二頁。
(123) 美濃部『日本国憲法原論』一一八頁。なお、この時期の美濃部の立論について、柳瀬良幹「美濃部先生と新憲法」国家学会雑誌六二巻七号(一九四八年)一七頁。
(124) 美濃部『新憲法の基本原理』(憲法普及会、一九四七年)。
(125) 美濃部・同前四三頁。
(126) 美濃部『日本国憲法原論』一一六頁。
(127) 古関『新憲法の誕生』一三七頁。
(128) 古関・同前一六〇頁。
(129) 宮沢俊義「憲法の改正」国家学会編『新憲法の研究』(有斐閣、一九四七年)三三四頁。
(130) 宮沢俊義『憲法大意』(有斐閣、一九四九年)。
(131) 宮沢・同前三七五頁。
(132) 黒田覚『新憲法解説』(京都新聞社、一九四六年)。
(133) 読売新聞社『新憲法読本』(読売新聞社、一九四六年)。
(134) 山浦貫一『新憲法の解説』(内閣発行、高山書院発売、一九四六年)。

(135) 定塚道雄『新しい憲法』(くれは書店、一九四七年)。
(136) 芦田均『新憲法解釈』(ダイアモンド社、一九四六年)。
(137) 大石義雄『日本国憲法読本』(甲文社、一九四九年)。
(138) 田中伊三次『新憲法の解明』(扶桑閣、一九四六年)。
(139) 田中・同前四九頁。
(140) 稲田正次「憲法制定並びに改正」『新憲法講座』第三巻(政治教育協会、一九四七年)五〇五頁。
(141) 鈴木安蔵『新憲法の解説と批判』(新文芸社、一九四七年)。
(142) 鈴木・同前五八頁。
(143) 中村哲『新憲法の問題』(前田出版社、一九四六年)四六頁。
(144) 中村の書いたもので、GHQの検閲によって公表ができなかったものとして、『新生』一九四六年一一月号に掲載する予定であった「武装なき国家の前途」(沖縄文化研究三一号(二〇〇五年)一一二頁に収録)がある。部分的な削除を求められたものについては、西修『日本国憲法の誕生を検証する』(学陽書房、一九八六年)一二七頁。同「日本国憲法の記述に関する連合国総司令部の検閲の実際」(『日本国憲法成立過程の研究』三二五頁)が詳しく紹介している。
(145) 佐藤功「憲法改正問題の経緯」法律時報一八巻九号一一号(一九四六年)。西・同前三四七頁。
(146) 恒藤恭「天皇の象徴的地位について」世界一九四六年一〇月号三九頁。西・同前三四五頁。
(147) 河村又介『新憲法の制定に就て』(西日本新聞社、一九四六年)。西・同前三四〇頁。
(148) 日本文化普及振興会『新憲法の意義と解説』(日本文化普及振興会、一九四六年)。西・同前三三八頁。

(149) 横田喜三郎「新憲法と平和立国」日本管理法令研究一巻九号(一九四六年)一頁。西・同前三四三頁。

(150) 田中二郎「新憲法と政治の民主化」日本管理法令研究一巻九号(一九四六年)二〇頁。西・同前三四四頁。

(151) 横田喜三郎「戦争放棄と日本の将来」『講演時報』一九四七年一月上旬号。西・同前三六九頁。

(152) 田畑茂二郎「改正憲法の精神」広島逓信局編『労働問題六講』(瀬戸内海文化評論社、一九四七年)。西・同前三六九頁。

(153) 佐々木惣一「戦争を放棄する憲法規定の実際的意味」『創造』一九四七年二月号。西・同前三三六頁。

(154) 中村哲『新憲法と民主主義』(中国新聞社、一九四七年)。西・同前三五四頁。

(155) 中村哲『新憲法ノート』(共和出版社、一九四七年)。西・同前三五三頁。

(156) 中村哲『知識階級の政治的立場』(小石川書房、一九四八年)。西・同前三八一頁。

(157) 鈴木安蔵『憲法と人民の政治』(同友社、一九四八年)。西・同前三七八頁。

(158) 滝川幸辰「『自由と民権』について」(時事講演社『時事講演』一九四八年)。西・同前三三九頁。

(159) 井上孚麿『憲法改正とポツダム宣言』(出版社、出版年等不詳)。西・同前三五二頁。

(160) 中村哲『新憲法の政治的考察』(農村文化協会長野県支部、一九四七年)五〇頁。

(161) 佐々木惣一『日本国憲法論』(有斐閣、一九四九年)。

(162) 佐々木惣一「憲法改正問題の処理」改造一九五三年七月号一五頁。

(163) 佐々木惣一「憲法改正問題の国民性」中外日報一九五五年一〇月一日。

(164) 佐々木惣一『憲法学論文選三』(有斐閣、一九五七年)。
(165) 佐々木惣一『憲法改正断想』(甲文社、一九四七年)。
(166) 宮沢俊義「憲法といふもの」『社会』創刊号(一九四六年)一頁。
(167) 田畑忍『佐々木博士の憲法学』(一粒社、一九六四年)三頁。
(168) 鵜飼信成「憲法改正権の限界」世界一九五二年六月号六九頁。なお、鵜飼には、このほかに、「憲法を改正するということ、その限界」郵政五巻四号一頁がある。
(169) 鵜飼・同前七三頁。
(170) 鵜飼・同前七四頁。
(171) 関口泰「憲法改正と国民投票」世界一九五二年六月号七八頁。
(172) 田中英夫『憲法制定過程覚え書』(有斐閣、一九七九年)二三〇頁。
(173) 田中・同前二一六頁。なお、私は、日本公法学会の報告で高柳賢三の業績の重要性に言及したことがある。憲法学者からは格別の反応はなかった。拙稿「司法権理論の日本的特質」公法研究四六号(一九八四年)七九頁。
(174) 岡田典一『公職追放令の逐条解説』(新世界文化社、一九四九年)三三頁。
(175) 矢部貞治『矢部貞治日記・銀杏の巻』(読売新聞社、一九七四年)八五七頁。
(176) 芦部『制定資料全集(一)』三八六頁。
(177) 芦部・同前三八六頁。
(178) 芦部・同前三八七頁。
(179) 芦部・同前三八八頁。

(180) 芦部・同前三八八頁。
(181) 法学協会『註解日本国憲法(上・中・下)』(有斐閣、一九四八～五〇年)。
(182) 石川吉右衛門「第九 憲法改正」法学協会雑誌六七巻一号(一九四九年)八一頁。
(183) 法学協会『註解日本国憲法』下巻(有斐閣、一九五〇年)一三七頁。
(184) 金丸三郎「日本国憲法改正国民投票制度について(一)(二)(三)」自治研究二九巻四号三頁、五号二四頁、七号三二頁(一九五三年)。
(185) 小島和司「憲法改正国民投票法案について」法律時報二五巻三号(一九五三年)五二頁。
(186) 原田清司「憲法改正の諸問題」横浜大学論叢五巻一号(一九五三年)一頁。
(187) 林修三「憲法改正についての憲法論議」時の法令一九九号(一九五〇年)一〇頁、「憲法第九六条をめぐる解釈論争」時の法令四二〇号(一九六二年)一頁。
(188) 芦部信喜「憲法改正国民投票制に関する若干の考察」国家学会雑誌七〇巻九号(一九五六年)七九頁。なお、芦部信喜『憲法制定権力』(東京大学出版会、一九八三年)六二頁。
(189) 大石義雄「日本国憲法と国民投票制」法学論叢七二巻四号一三頁。
(190) 小林直樹『憲法改正条項の考察』憲法調査会資料・改第二号(一九六二年)五〇頁。
(191) 『フイリピン憲法(一九四三年):旧憲法(一九三五年)対照』(比律賓協会、一九四三年)。
(192) 「君主国ニ於ケル憲法改正手続ニ関スル立法例(憲法七三条)」「憲法改正手続ニ関スル立法例(追加)」芦部『制定資料全集(二)』四八頁。
(193) 田畑忍「憲法第九十六条の解釈」同志社法学一六号(一九五三年)五九頁。
(194) 田畑・同前六五頁。

(195) 田畑忍『憲法学原論』(有斐閣、一九五六年)四七七頁。
(196) 渡辺治『憲法改正』(旬報社、二〇〇五年)。石崎学「『憲法改正国民投票法』の基本原理」現代の理論四号(二〇〇五年)(なお、『憲法状況の現在を観る』(社会批評社、二〇〇五年)二七頁に収録)。水島朝穂編著『改憲論を診る』(法律文化社、二〇〇五年)。菅沢一王=笹松健一『国民投票法案　憲法改悪への突破口』(大日書店、二〇〇五年)。「特集・改憲のための国民投票法に反対」法と民主主義三九九号(二〇〇五年)。「特集・国民投票法案」マスコミ市民二〇〇六年二月号。ピープルズプラン研究所『誰の、何のための「国民投票」か?』(現代企画室、二〇〇六年)。井口秀作「憲法改正国民投票法案をめぐって」法学セミナー二〇〇六年三月号三八頁。三輪隆他編『いまなぜ憲法改正国民投票法なのか』(蒼天社出版、二〇〇六年)。杉井静子『あなたと考える憲法・国民投票法』(ケイ・アイ・メディア、二〇〇六年)。
(197) 今井一『「憲法九条」国民投票』(集英社新書、二〇〇三年)。同編著『「9条」変えるか変えないか　憲法改正・国民投票のルールブック』(現代人文社、二〇〇五年)。五十嵐敬喜『五十嵐敬喜憲法改正論』(日本経済評論社、二〇〇五年)。
(198) 鈴木法日児「『憲法改正手続き』について」新正幸=鈴木法日児編『憲法制定と変動の法理』(木鐸社、一九九一年)二五七頁。
(199) 竹花光範「憲法改正の発議と国民投票」駒澤大学法学部研究紀要六一号(二〇〇三年)五二頁。なお、竹花には『憲法改正の法理と手続』(成文堂、一九八一年)、『憲法改正論への招待』(成文堂、一九九七年)等がある。
(200) 高橋正俊「憲法改正のための国民投票法について」比較憲法研究一三巻八九頁。

(201) 高橋正俊「改正規定の背景」香川法学二一巻三・四号（二〇〇二年）一頁。
(202) 福井康佐「憲法改正国民投票における運用上の諸問題」学習院大学大学院法学研究科法学論集九・一〇号（二〇〇三年）一八九頁。
(203) 久保健助「『憲法改正国民投票法』に関する予備的考察」日本女子体育短期大学日本女子体育大学紀要二四巻一五〇頁。
(204) 国立国会図書館調査及び立法考査局（高見勝利執筆）『シリーズ憲法の論点⑤「憲法の改正」』（国立国会図書館、二〇〇五年）一三頁。なおこれは、国立国会図書館のホームページhttp://www.ndl.go.jp/jp/data/publication/document/2005/200501.pdfでも公開されている。
(205) 日本弁護士連合会『憲法改正国民投票案に関する意見書』（二〇〇五年）。ただし、ピープルズプラン研究所『誰の、何のための「国民投票」か？』viii頁による。
(206) 福井康佐「憲法改正国民投票における運用上の諸問題」一八九頁。
(207) 福井・同前一九九頁。
(208) これまで国会では、政治改革国会、消費税国会の二例がある。なお、小林幸夫「両院合同会の導入を提唱する」加藤秀治郎編『憲法改革の構想』（一藝社、二〇〇三年）八七頁。
(209) 佐藤功「国民投票制度と憲法」法学セミナー一九七九年四月号二八頁、赤坂正浩「民の声は神の声——代表民主制と国民投票・住民投票」法学教室二八一号（二〇〇四年）五三頁。
(210) 拙稿「『域内不戦』の共同体を」東海大学平和戦略国際研究所『東アジアに「共同体」はできるか』（社会評論社、二〇〇六年）三〇頁。

中村哲の憲法学と生涯

1　国法学研究の開始

私は、これから、憲法学者の元法政大学法学部教授中村哲の憲法学者としての生涯を語ろうと思う。中村哲は才能に恵まれ、政治学、民俗学などでも業績を残し、また、趣味とした絵画の世界でも高く評価されている。そういう中村の全体像の探求と分析は私の手に余るものである(1)。ここでは、中村の憲法学研究に焦点を集めて検討を進めたい。そのために、この文章は、中村が、一九三四年に東京帝国大学法学部を卒業したところから始めることになる。

中村は、卒業後、直ちに法学部助手に採用され、研究者生活を始めた。中村の指導教授は政治思想史の南原繁であり、当時、法学部の政治学科には、南原のほかに、岡義武、矢部貞治、高木八尺らの教授がいた。その中で、中村は、研究者としての仕事を、一九世紀ドイツの国法学者、フリードリッヒ・シュタールの国家理論の研究から始めた。

中村の研究は、当初はシュタールの国家思想、政治思想を政治思想史研究として極めようとするものであったが、途中から、南原の指示によって台北帝大の憲法講座への就職が決まり、その関係で国法学的な研究に収斂していった。出来上がった論文「シュタールの国家論―プロシャ絶対主義の国法学―」(2)は、関連文献も広く読み込んだ、新進の研究者による国法学の第一級の業績となった。

当時の問題関心を、中村は、後年、こう述べている。「このテーマは、もともとドイツ・ロマンティク研究の一端としてであり、政治思想史の研究としてであつたが、はからずも、その後の私は台北帝大に憲法を講ずることになつたので、研究は彼の国法理論の部分に関心を持つことになり、そこで、国法学史の研究に従事すべきであると考えるようになつた」。国法学の若き研究者としての中村の関心は、「近代の国法学において通用している諸概念の歴史的性格を明らかにしたいということにあり、そのために、近代国法学の、ことに我国におけるそれの基本概念とされている国家法人説の歴史性とそれを克服する方法とを見出したいと考えたのであつた。そこで、国家法人説の対立観念としての家産国家思想を明らかにし、ひろく中世の封建的国家観念を究める必要があると思つたのである。ところが封建国家の国家観念を明らかにするためには中世の都市国家及び領主国家の構造を究めなければならず、さらに、ひいては古代国家の構造とその観念とを求め、国家起源論にまで及ばなければならないということを痛感したのであつた。私の国法学史への関心は、このような現代的関心からする倒叙的な歴史的記述であつて、それに着手するにつれて、社会経済史の理解が必要であることを感じはじめていた」(3)。

中村が明らかにしたように、シュタールは、それ以前の、宗教的な権威で君主の支配権を弁証する王権神授説の国家論と異なり、人間は、主観的なエートスにおいて個々人が平等に神と直結しているが、客観的なエートスにおいては、人倫国への服従において自己を実現することになると強調した。そこでは、共和制のような民意による法の定立があるのではなく、主権者である神の似姿が、君主によって、法を通じて具現化されるとされている。こうした人倫国では個々人は平等ではなく、そのさまざまな属性に応じて、異なったレベルで服従するものなのである。国家は、宗教的な権威と別の倫理的な権威によって裏付けられ、主権者は、法によって神を顕現させる存在となる。

シュタールは、人間は主観的なエートスにおいて個々人が平等に神と直結していると述べることで、ユダヤ教も含んでさまざまな信仰が存在し、さまざまな信徒が生活しているドイツ社会で、ユダヤ教もまたキリスト教と比肩しうる立派な宗教であることを認めて、宗教上の正統性の争いから超越することに成功した。また、その一方で、人間は客観的なエートスにおいては、人倫国への服従において自己を実現すると述べることで、キリスト教徒にも、ユダヤ教徒にも共通する国家=君主への忠誠を求めた。結局、シュタールは、信教の自由を確保しつつ、非宗教的な正統性を国家に与えることに成功したのである。こうしたシュタールの国家理論は、一九世紀プロイセンの、世俗的な絶対主義国家にいかにもふさわしいものとして高く評価された。

シュタールは、神の似姿が法というものを通じて現れるということによって、一種の法治主義を主張した。シュタールの理論では、国家の関係は法的な関係になるのであって、その論理を構築するためには、国家に法人格を擬制的に認める、国家法人説が必要であることを主張している。それはさらに、こうした国家に至高の主権を認め、始原的な支配権を認める国家主権説と堅く結合されて理論構築されている。

こうしたシュタールの国法学説は、ドイツの国法学に圧倒的な影響を与え、そして、日本の憲法学にも強い影響力を与えている。中村によれば、ドイツにおいては、市民革命の不徹底さが旧来の社会の支配服従関係を色濃く残存させており、その上に立って、プロイセン官僚制国家が構築され、それが、シュタールの国法学理論としての国家法人説を呼び起こし、国内法上の国家主権説を作り出していた。日本の国法学者はこれを輸入して、天皇制官僚国家のための憲法理論として活用した。

そこで、日本の遅れ、改革の不徹底性を克服するには、それを支える国家法人論、国家主権論を克服する必要がある。中村によれば、こうした国家法人論、国家主権論の源は、ドイツ人、オットー・ギールケのゲノッセンシャフト・レーレにあったのであり、それゆえに、日本の国法学は、この、ギールケ理論、一言でいえば、国家を君主から市民までをひとくくりに団体と把握する発想法の理論体系と闘い、克服しなければならない。中村は、そのことを生涯の大きな課題と考えたのである。そのために、中村は、ドイツの保守的な国法学者にして、プロイセン官僚国家の最大のイデオローグであったシュタールを選び、その理論、その思想を解明したのである。中村が、まずはシュタールから始めたのには、日本における官僚制国家の憲法理論を克服しようという十分な理由がある。

2　台湾時代の中村の仕事

(1)　台湾における天皇機関説問題

中村は、「シュタールの国家論」を書き上げると、予定通りに、一九三七年に、台北帝大文政学部の憲法講座担当助教授として迎えられ、任地の台湾、台北市に向かった。当時は日中戦争の戦時下で、赴任先の台湾は中国大陸の戦場に近い「準戦場」であった。

中村も随所で触れているように、一九三〇年代に起きた、右翼と軍部による天皇機関説排撃においては、台湾は東京とならんで注目される場所であった。帝国議会などでは、東大法学部の美濃部達吉の学説が激しく批判されるとともに、早い時期から、台湾高等商業学校の成宮嘉造講師の著書『日本憲法概論』が問題視された。一九三五年二月一八日、貴族院で天皇機関説排撃の旗を振っていた菊池武夫は、美濃部のみならず「台湾ニ於テモ斯様ナル事ガアルノデゴザイマス」(4)と成宮の問題にもわずかに触れている。これを本格的に展開したのは同年三月一二日、衆議院における山本悌二郎の発言(5)である。ここで山本は、こう述べている。

「天皇機関論者ノ極端ナノニナリマスト、モット思切ッタ暴論ヲシテ居ル、台湾台北高等商業学校講師成宮嘉造ト云フ人ガ著シタ『日本憲法概論』ト云フ書物ガアリマス、是ガ即チソレデアリマス、此憲法概論ト云フ書物ニハ、国家ノ機関ヲ独任機関ト複成機関、主タル機関ト補助機関ト云フモノニ区別致シマシテ、天皇、摂政、各省大臣、総督、知事ハ独任機関デアリ、同時ニ主タル機関デアルト、此中ニ説イテアルノデアリマス、即チ畏クモ天皇ヲ大臣、総督、果テハ知事等ト同列ニ、国ノ機関ノ位置トシテ数ヘテ居ルノデアリマス、如何ニ法理上ノ推論ニ過ギナイト申シナガラ、ココマデ行ッテハ天皇機関論ナルモノモ、言語道断ト言ハナケレバナラヌノデアリマス（拍手）殊ニソレガマダ十分皇化ニ浴セザル新附ノ民ノ真ン中デ、代用教科書トシテ用ヒラルルニ至ッテハ、其国民ノ心理ニ影響スル所、実ニ恐ルベキモノガアルト信ズルノデアル（拍手）」。

この、成宮嘉造著『日本憲法概論』は、当時の憲法学界ではほとんど知られていないローカルな著作であった。それが突如として、帝国議会において、国賊扱いで登場したのである。その背景には、当時強まった日本の南進論、後の第二次大戦における南方作戦と大東亜共栄圏構想につながる思想的、政治的、軍事的な動きがあった。南進の最大拠点になるであろう台湾での日本の支配を思想的にも強固なものにしておかなければという、台湾現地での国粋主義者たちの動きがあったと思われる。山本の言葉によれば、「マダ十分皇化ニ浴セザル新附ノ民ノ真ン中デ」機関説が唱えられるのが許せないのである。

中村はよく、赴任した台湾は準戦場だったから、といっていたが、台湾では、天皇機関説事件が沸騰していた。『日本憲法概論』が右翼、国体憲法論の人々から槍玉に挙げられている最中に、天皇機関説の牙城である東大から台北帝大の憲法学講座の教授がくるというのであるから、台湾における中村の周囲の空気は異常に緊張していたし、中村の講義も、研究論文も、著しい制約のもとに置かれることになった。

この時期の中村について、飯田泰三はこう解説している。「当時は美濃部達吉の天皇機関説が問題化し、各大学の憲法学者が追放されていく状況だったにもかかわらず、中村は専攻を政治学から憲法学に変えることで、一番最後に出来た帝国大学に就職できたのである（前掲座談会）。台北帝大の憲法講義では、帝国憲法第一～四条の天皇に関する規定は講じないという条件で赴任したという(6)」。

周知のように、天皇機関説事件では、美濃部は徹底的に攻撃され、それに関連して、枢密院議長一木喜徳郎、内閣法制局長官金森徳次郎も職を辞した。美濃部は各大学の兼任講師を辞職した。京都帝大法学部は、機関説に近い渡辺宗太郎を憲法学講座教授から行政法第二講座に移して、東北帝大教授佐藤丑次郎を講師に迎えるむねの教授会決定を行ったが、この招聘が不調に終わり、京大で政治学を担当していた黒田覚が憲法学を講じるようになった。黒田は、このチャンスを生かして、大いに張り切って、著書『日本憲法論(7)』を著し、ナチス時代のドイツ国法学を日本に導入して大活躍した。神戸商科大学でも、非常勤講師の佐々木惣一が天皇機関説論者であるということで、その憲法講義が休講となった。しかし、天皇機関説事件では、おおむねは、各大学とも、危ないと判断した教授を憲法学の講義の担当者から外している程度であって、どこを見ても、天皇機関説事件で「各大学の憲法学者が追放されていく」状況はなかった。この指摘は、研究が不十分な飯田の誤解である。

この誤解の責任の一端は中村自身にある。中村は、晩年に、沖縄研究の関係で生涯を語っており、その際に、高齢の故であろうか、勘違いしてこう述べている。「たまたま天皇機関説が問題になってきた。美濃部達吉先生の憲法学が軍部を背景とする右翼の批判をうけて、やがて各大学の憲法学者は追放されていったわけです(8)」。これは、座談会での不用意な発言であり、単純な誤りである。飯田はこれを論拠に書いたのだろうが、情ない。

念のために書いておくが、天皇機関説問題では、機関説論者の著作が右翼によって出版法違反として告発された。しかし、一木喜徳郎、成宮嘉造、末弘厳太郎、森口繁治、佐々木惣一、野村淳治、野村信孝、浅井清の著作物は出版から時間がたちすぎていて公訴時効、市村光恵は著者死亡、岡田啓介、金森徳次郎、清水澄、宮沢俊義は罪となる事実なしでいずれも不起訴とされ、美濃部達吉、副島義一、竹内雄が起訴猶予という結果に終わっている(9)。

この飯田評伝では、もう一点、中村が就職するにあたって、「台北帝大の憲法講義では、帝国憲法第一～四条の天皇に関する規定は講じないという条件」であったと書かれているが、これも出所不明の怪情報であり、事実に反する。このような根拠のない情報を流布させることは問題である。巷間、東京帝国大学法学部の宮沢俊義教授が、第二次大戦中の憲法学の講義で大日本帝国憲法第一条から第四条までを飛ばして講義したと伝えられているが、この宮沢エピソードと勘違いしているのだろう。台湾赴任後の中村の研究の関心は、植民地における憲法の適用問題にあった。こういう研究をする者にとって、日本の国家主権の問題、天皇制に触れないという条件などありえないことが分かる。そもそも、国家主権論や国家法人説は、中村の専門的な研究課題である。中村は、凛とした若手の研究者なのであって、憲法典中の天皇の部分を講義しないなどという条件を呑んで職を拾う俗な野心家ではない。中村を職のために学を曲げる者として描くのは失礼な話である。

中村の著作に触れれば、中村が、天皇制に触れないなどという屈折した憲法学者ではなく、自分の信じるところによってすくすくと成長している若い研究者であることは疑いようもない。中村自身も、後に、当時を回顧してこう語っている。

「当時、僕は東大研究室の三年の生活を終えて、全く見も知らぬ亜熱帯の大学に赴任したのであったが、天皇機関説問題の直後のことではあり、また総督府には台湾参謀部の発言がいよいよ強くなりつつあったときではあり、一方、台湾人の民族感情も悪化しはじめていたときでもあった。そのような情勢のなかで、南進基地といわれた台湾の大学で、国体問題にも触れ、統帥権についても語り、安平港のスパイ事件で問題となっていた司法権の独立について講義しなければならない大任を、大学を出たばかりの僕がになわされていたのである。前任者が神ながら学派の憲法学者で時をえて文部省の国民精神文化研究所に迎えられた、その空席ではあり、総督府にはその系統の官僚が陰然たる勢力を持っていた。どういう風の吹き廻しか人事が争われて、結局、若輩の僕が東京から迎えられて講座を担任するというめぐり合わせになったが、僕の方は、まともな人間の住まない南海の絶島にゆくような気持で悲壮な決意であった。

しかし、台湾の大学では、この憲法の講座は一番脚光を浴びていたポストで、そこに若輩が赴任するということは、大学人事に対する内外の攻撃の向けられたところであった。このことは、神戸から乗船する際に、憂慮して告げにきてくれた先輩教授があったし、東京でもそれとなく聞いてはいたので知っていた。台北大学の出身者による東大学閥打破の声に加えて、学内の派閥抗争の余波があり、さらに当時ようやく盛んになろうとしていた台湾人の民族的反感が、この人事をとりあげて、総督府を攻撃するかわりに、手薄な大学の攻撃を、台湾人の台湾新民報で取りあげたのであった。僕は知らずして敵中に入った感じで、学生といえども味方であるとは思えなかった。憲兵の下士官が、それとなく何回か研究室にやってきて、国体に関する所見を聞き出そうというのであったし、同僚のなかには好ましい人事と考えてはいなかった人もあって、傍観的であり、自分自身ですべてを処理してゆかなければならなかった。こういうことは、どこの大学にも、実によくあることで、僕はそういう経験を、もっとも若い時代に、極端な形で経験したにすぎなかった(10)」。

中村自身は、後年、台湾時代の自分が、当時の大日本帝国憲法の内容を説明するという立場に甘んじて、天皇制分析と批判が不十分であったと語っている。この関係で面白い文章がある。戦後一〇年ほど経過したあるとき、中村は東大から「憲法と人権」のテーマで講演を頼まれたので出かけたところ、仲介したのが文学の教授であったので、演題が「憲法と人生」に変わってしまったことを講演会場で知った。しかし中村は、ままよ、これも面白かろうと、この題目のままで、自分の戦時中の言動の自己批判めいた話しをした。この中で中村は、自分の天皇制批判の弱さを述懐している。

「満州事変後の日本では、政治の研究は弾圧をうけるか、時局にまきこまれるかという危険性を伴っていた。憲法という一つの法典を拠り所にして語れるというのは、そういう社会情勢の下では、都合のいいことであった。天皇制がいいか悪いかではなく、天皇制下の国家体制や国民の権利を、憲法の示すままに語ればいいのであるから、これは学者としての処世方法としては便利なことで、この安易さが、自分をして知らず知らずに、一つの政治体制、具体的にいえば天皇制下の権力の発動の仕方を問題とするだけで、天皇制そのものへの批判を、おろそかにしてゆくことになったものと思う。もちろん、当時においては天皇制を批判や研究の対象とすることは許されなかったが、それだけでなく、ぼく自身は、こういう権力体制そのものへの疑問をもつことはあっても、それを学問的に追究しようとはしなかった傾向がある」(11)。こういう事情であるから、上述の飯田の記述は全く事実に反していることが分かる。

(2) 著書『植民地統治法の基本問題』の出版

さて、台湾に渡った中村は、憲法学の領域で、多彩な仕事をしている。時局が絡むので、軍事問題や戦時体制に関係する論稿が多いが、中村は、植民地統治法に関しても優れた業績をあげた[12]。

中村は、何よりも、日本国内では不明な点の多い植民地統治法について、台湾現地でしか入手できない資料類を丹念に精査して、実証的な研究をまとめて、二編の論文を東京帝国大学の『国家学会雑誌』に発表した。また、台湾現地の『台法月報』にも、いくつかの論文を発表している。植民地の法制度の基本を日本国内の学界に広く知らせたいという中村の意気込みが見える。

これらの論文のいくつかは、一九四三年に『植民地統治法の基本問題[13]』にまとめられた。この、『植民地統治法の基本問題』は、三一歳の中村哲が世に問うた最初の単著である。中村は、戦争中で通信事情もよくなく、ほとんど出版社に任せきりであったと述べているが、戦時下の著作としては、内容的にも、装丁も落ち着いていて好著といえる。中村の基本的な立場は、植民地に自国の憲法や法秩序をそのまま持ち込んで同化しようとするフランス式の植民地統治ではなく、むしろ、現地の事情を十分に斟酌して、その地域に見合った特別立法で統治するイギリス式の植民地統治を支持するものである。

当時、若手の憲法学研究者は、いずれも、時代を反映した研究に取り組み、著作を発表している。京城帝大の鵜飼信成の『戒厳令概説[14]』、東北帝大の清宮四郎の『外地法序説[15]』、京都帝大から和歌山高等商業学校、大阪府立淀川高等工業学校に転じた大石義雄の『帝国憲法と国防国家の理論』[16]、『ナチス・ドイツ憲法論』[17]、『帝国憲法と非常時』[18]、京都帝大の黒田覚の『国防国家の理論』[19]、同志社大学の田畑忍の『法・憲法及国家』[20]などである。このほかに、京大から大阪商科大学に転じていた末川博、原龍之助、実方正雄、谷口知平らによる『総動員法体制』[21]、京大に残った大隈健一郎、佐伯千仭、大西芳雄、於保不二雄、大森忠夫らによる『新法学の課題』[22]もある。これらはいずれも、戦時においては軍事が政治に優先し、政府は軍に仕える存在に変質すべきである、という主張に貫かれざるを得ない。当時の若手の研究者には、この戦争協力の基調を外した仕事はありえなかったのである。

第二次大戦中に、政治が軍事の侍女であるべきだという主張を強く進めたもう一人の秀才が、東京帝大法学部の憲法学講座教授、宮沢俊義である。宮沢については、辛口の私と違って好意的な高見勝利（上智大学教授）の著作『宮沢俊義の憲法学史的研究』[23]があるが、同書でさえ[24]、この時期の宮沢の所論、とくに、「アングロサクソンのたそがれ」などの論文で、東条英機首相が陸軍大臣を兼任し、後には陸軍参謀総長も兼任した、明らかに大日本帝国憲法の権力分立原則を逸脱した憲兵支配の政治体制に関して、宮沢がこれを積極的に支持して、東条幕府論を展開したあたりは、説明に困っている。結果的に幸運なことに、宮沢は、他の俊英と違って、この時期の業績を単行本にまとめていない。これが、戦後期の宮沢の平和的なイメージ作りにずいぶんと役立っている。

また、これは、従来の研究が触れないところであるが、宮沢は、戦時下に日本学術振興会が作った

「国家非常体制法研究」委員会の委員長として、第一線の公法研究者を総動員しようとしていた。この委員会活動の最初の成果が先にあげた鵜飼信成の『戒厳令概説』であった。研究会の成果をまとめるのは有斐閣で、「戦時法叢書」として続々と刊行する計画を立てた。不足した用紙の特別割り当てもあったと思われる。その編集主任は末川博である。末川は、「決戦態勢下戦力増強の絶対至上条件がいかに充足さるべきか、諸般の制度・機構ないしその運営について攻究し、また大東亜秩序が法的にいかに確立伸張さるべきか、その基礎構造ないし各地域の法制について考察し紹介せんとする」[25]という勢いのよさであった。

私は、宮沢のように、他の若手研究者も時流に巻き込んでいく国家の仕事を担って働くことは、自分の著作において戦争を支持する言説を吐露することよりも戦争指導とのかかわりが格段に深いと思うが、いかがであろうか。

なお、こういう事情は、戦後になると、宮沢自身によっても忘れ去られているかのごとくであって、なにも語られていない。宮沢は、敗戦にともなって「国家非常体制法研究」委員会が解散されると、三カ月後には早くも、日本学術振興会の第一常置委員会の委員長として、中川善之助、鈴木竹雄、吾妻光俊、矢部貞治らと、戦争政治史資料と戦争法律史資料を収集、保存する委員会の設置を協議して決定している。変わり身の早いことである。

(3) 自己抑制的な中村の言動

こうした戦時下の中村の業績であるが、そこには、いくつかの、指摘しておきたい点がある。

第一に、中村は、徹底的に実証的であった。中村は、『植民地統治法の基本問題』の序文で、おじである竹越三叉の『比較殖民制度』にならったと書いているが、資料にきちんとあたって正確に紹介しており、後世の台湾史研究や、憲法史研究にとっては実にありがたいデータが満載されている。中村は、この、実証の世界に没入することで、時代のお先棒担ぎを巧みに避けている。

第二に、中村は、実は反軍分子であった。中村自身がよく書いているように、東大の矢部貞治らの引き合わせで近衛文麿元首相の側近や新官僚とともに、台頭する軍部をどう抑えるのか、制度的な工夫に腐心した。中村は、日本の内地でも、台湾現地でも、いくつもの文章を発表している。ドイツの統帥権のあり方などは、学術論文にまで仕上げている。

そこから出てくる第三のポイントが、中村の比較的に穏やかな軍事優位の考え方である。中村は、軍事が政治を指導するのは、戦時においてのみであり、平時に戻れば、また、憲法的な体制が復活すると考えていた。この点で、軍事化を、現代社会の宿命であり、世界の傾向であるとする大議論をして、戦争が終了しても引き戻し不可能な革命的な変質として説明していた国粋派の憲法学者とは一線が引かれると思う。

第四のポイントは、あるいはこれが最も重要な点かもしれないが、この時期、中村は、確かに時代の影響を受けて、大東亜共栄圏の構想を支持していた。しかもその際には、日本が、宗主国として、日本的な価値を押し付ける「同化主義」ではなく、東アジアの諸地域の自立と協同、つまり「協同主義」が取られるべきであると考えていた。

これは、当時、仕事の傍らで行っていた台湾の民俗学研究についてもいえることである。中村の民俗学研究については、ここでの直接の課題ではないので簡単に記しておくにとどめるが、中村は、民俗学の中心人物の柳田国男とは、少年期から親しく、台湾に行ってから、台北大学の教授金関丈夫らと交際し、『民俗台湾』の発行に協力して、台湾における民俗学研究を進めた(26)。中村の芸術的な感性は、ポール・ゴーギャンが南のタヒチに渡って、また、棟方志功が大原孫三郎の支援を得て青森よりはるかに南の倉敷で画業を大成させたように、台湾に渡って、花開いたように思う。台湾文化の文化的、芸術的な豊かさを実感した中村は、大東亜共栄圏のセンターが日本国内に置かれて、台湾がそことアジアの現地をつなぐ程度の、中継基地の役割を負うのでは不満で、むしろ、台湾こそが、距離が近いこと、同じ亜熱帯に属することなど、その地域特性を生かして、政治的にも、文化的にもセンターになるべきである、というような構想をもち、実際にそれを書いたことさえある(27)。中村は大東亜共栄圏の考え方を支持していたのであるが、それは、日本による東アジアの支配と指導による共栄圏ではなく、諸地域、諸民族の協同による共栄圏である。その意味で、中村には、政治や憲法を見る観点と、民俗学に携わる観点との間にぶれがない。

総じていえば、中村は、戦争に向けた熱狂の時代に、それほどのやる気を見せていない。もしここで、大東亜共栄圏の確立に向けて意欲を示せば、すでに台湾における最高の大学の最重要ポストにある身なので、台湾で大東亜共栄圏のトップエリートになる道が約束されているにもかかわらず、そのことに、興味も野心もなかったようである。

こうしたやる気のなさが幸いしたのか、中村は、こういう時代にしてはならない二つのことをしないで済んだのだと思う。一つに、言わなくてもいいことを言ってしまうこと。もう一つは、言ってしまったことを言わなかったことにしてしまうこと、である。多くの憲法学者の言辞には、過剰な時代同調があり、敗戦に伴い、それを忘却のかなたに追いやることに苦心している。中村の態度は、これとは遠いものである。

(4)　応召と海南島での戦傷

中村は、一九三八年一二月に召集を受けて兵役についた。召集令状が届いたのは台北帝大での授業中で、中村は、近親者との別れのために飛行機で東京に戻ろうとしたが果たせず、台北で出入りしていた絵具屋の「学校美術社」の店の電話を借りて、おじの竹越三叉の家に集まった三叉、両親、兄弟などに別れを告げるだけで早々に入営し、(28)中国広東省の戦線に派遣された。中村は、帝国大学の助教授という立場からも、台湾現地でも日本国内でも持っていた支配層との人脈からも、軍務といっても安全な後方勤務に回ることはまったく容易であったのに、そういう保身を行わなかった。また、周辺の人々もそれをしないで、戦地に赴くことにし、一九三九年二月に海南島攻略戦が始まると、飯田部隊石本部隊秋高隊に加えられて上陸し、四月一八日、海南島澄邁県の戦場で、戦闘に参加して銃弾を浴びて大けがをした。当時一等兵の中村はこう書いている。

「堀川直義宛（航空郵便）一昨日、敵弾を文字通り雨のやうにあびた。幸ひ、腰部の貫通銃創ですかつた。弾は右腸骨にそつて、腸と骨をわずかにそれ、前から後までつらぬいてしまつてゐるので、安全だ。よかつたと思ふ。二ケ月もしないうちに全快するだらう。担架にのつて空をあふぎ、松葉杖をついて自分の姿をかへりみる。やがて内地（台北）に還送されるから、この葉書のつくころはここにはゐない。郵便物など台北の大学に送つておいてくれれば、私のゐる病院にもつて来てくれるだろう。童説諸兄によろしく」(29)。

「僕は幸か不幸か、銃弾を浴びて九死に一生を得たために、君とは違って、今日、再び講壇に立つことになっている。戦死者というのは、あのまま死ぬことであると思うと、自分の記憶を大切に保存しなければならないと思うことがある。水田に伏せた自分の顔に乱れかかる銃弾の水しぶきをあび、防水服の腰から下が、出っぱなしの血汐のために太ももにこびりついてしまい、知覚が失われて痛いとか苦しいとかというのを通り越してしまっている。それでも人の肩を借りて二里の道を歩いたのだから、その間に赤土の根に果ててしまう自分を意識して自分の半生を追慕したことがある。それでも、むごたらしい、自分自身の戦場の印象も、昨今ではすっかり薄らいでしまっている[30]」。

「(台北時代の同僚である中井淳氏は)、ぼくが一兵として戦傷をおい、広東の病院に後送されてきたときは、軍服姿で見舞に来てくれたが、涙をいっぱいうかべて、なにも言わずに帰っていった。彼の軍における発言力からいって現地の非戦闘任務に加えてくれるくらいのことは可能であったが、彼は異る思想の者には個人生活以外では全く気を許さなかったし、敵味方で区別する態度がはっきりしていたから、ぼくなどは敵のほうに分類されていたので、死ぬのは仕方のないことだというように黙送しているようだった[31]」。

中村が第二次大戦後に立ち至った平和思想の原点は、この戦傷の体験にある。第二次大戦後に流行した言葉で言えば、ここが中村の「原体験」なのではなかろうか。この点を理解しないのであれば、中村哲の人格や思想は理解が困難である。

なお、この点について、飯田の評伝は、一九四五年「四月一日からの米軍沖縄上陸作戦の少し前、中村は召集されて戦場で被弾、負傷して一時東京に戻っていたが[32]」と、戦傷の時期も、その後の療養の場所も誤って伝えている。中村は、自分の戦傷についてたびたび書いているから、中村が書いているものを少しでも読めばこういう誤解は生じようがない。中村の著作を読まずに評伝を書いた、不勉強な者の犯す誤りであることを指摘しておこう[33]。なお、米軍沖縄上陸作戦の開始日は、一九四五年四月一日ではなく、三月二三日である。三月中に慶良間諸島での住民の集団自決などもあり、正確な記述が求められる。

(5) 東大教授矢部貞治と「最高国防会議」案

第二次大戦中に東京大学法学部の政治学、行政学担当教授の矢部貞治は、中村の先輩であり、二人の間には密接な交流があった。矢部は、膨大な『矢部貞治日記』[34]を残しており、その『銀杏の巻』には、随所に中村に関する記述がある。中村の評伝にとっては最重要資料の一つであるので、これを見ておきたい。

中村は、台北帝大に赴任後、東京に戻ってくると矢部を訪ねている。『矢部貞治日記』から引用しておきたい。「中村哲君が台湾から帰って一寸顔を出した。」(一九三七年六月二八日)[35]、「午後国家学会の校正を見かけたら、台北の中村君や京城の桜井君が引続いて来たので駄目。」(一九三八年三月二三日)[36]、「中村哲君が電話で会ひたいとの事であったので、四時前に新宿の中村屋で会ふ。支那に出張する機会があるのでどうしたものかとの相談であった。」(一九三八年六月二〇日)[37]、「海南島討伐に行ってゐる中村哲君は去月十八日に貫通銃創を負った由葉書が来てゐる。併し幸ひ大したこともない由。」(一九三九年五月八日)[38]、「講義のあと正午までは中村哲君に妨げられた。」(一九三九年九月二九日)[39]、「夜九時頃台北大学の中村哲君がやって来て、十一時頃まで学問の話しをした。」(一九四〇年四月二日)[40]、「留守中に中村哲君が来た由。」(一九四一年四月二日)、「入浴、夕食したところに中村哲君が来て、色々話したら十一時半になった。」（一九四一年四月三日）[41]。要するに、東京に来ると矢部に会いに行っているのである。先輩教授に甘えてなついている若い研究者という関係であろうか。

中村は、矢部の紹介で、昭和研究会のために働いたことがある。『矢部貞治日記』には、その関係の記録もある。「昭和研究会である調査を頼んでゐたのに、パトス的に出来なかったといふ。まあ大体でいいから書いてくれと言って置いた。」（一九四〇年四月二日）[42]、「それから昭和研究会に行き、正午から中村君の統帥権問題の報告を聴く。後藤文夫、松井春生、佐々弘雄と僕。残念乍ら、三時から臨時教授会があるので、途中ではあったが二時に失敬した。」（一九四〇年七月一六日）[43]、「正午からは昭和研究会。統帥と国防の調和について国防会議案を論ず。出席は、後藤文夫、松井春生、佐々弘雄、後藤隆之助、僕と、中村君。」（一九四〇年七月二三日）[44]。

これが、中村がしばしば書いている、「最高国防会議案」である。中村は、統帥権の独立という原則のもとで、とかく横暴に独走する軍部をコントロールするためには、こうした会議を設定して、その場で、内閣が天皇を輔弼して発言するという形で行うしかないという案を考え出したと書いている。中村の記憶では、それがそのまま政府の中枢に届けられて検討されたということになっているが、実際には、中村のしたのは調査の下調べで、最高国防会議について考えるように依頼した矢部自身が、中村のアイディアも取り入れながら案を完成させて清書して、矢部案として提出している。中村は、敗戦直前に、朝日新聞社で佐々弘雄から、「最高国防会議」は中村の案なのだからそれに基づいて実際に終戦工作をしようと誘われたことと、戦後になって、極東軍事裁判などで「最高国防会議案」という題名の文書が取り上げられていること(45)を論拠に、自分の案がそのまま政府部内で検討されたと考えているが、どうであったのかがよく分からない。私は、政府部内で検討され、戦後も残されていたのは、中村の原案ではなくて、矢部の成案であったと判断している。

(6) 去就に迷った中村

興味深いのは、一九四一年、中村が自身の進路に迷って矢部に相談していることである。こういう記述がある。

「食事を終ったと思ったら、今度は中村哲君が来たといふ。又召集令が来て直ぐ台湾に帰るので暇乞いに来たといふ。今村君は帰ったので中村君と話す。生死を覚悟しなければならぬのでと色々つきつめた話しをし、興奮してゐるのでこっちもそのつもりで真面目な話しをした。彼はかねて台北大学といふところに不満だし、今度帰ったら(若し生きて帰れるなら)、その機会に台北をやめて東京に来たいといふ。新聞記者でも何でもやって一兵卒から出直すといふ。僕は大いに賛成して置いた。又何らかの記念として今まで書いたものを出版したいがといふので、それには反対した。生きて帰った場合に後悔することが多いだらうし、万一のことでもあれば、あとに残った者がそんなことは出来るのだから、書いたものの目録だけを残して行けと言ふ。妹に万事を托して行くからとて妹さんの住所を

書いて行った。その他生の問題、死の問題について語って九時過ぎ帰った。」（一九四一年九月一四日）[46]

中村としては、以前の応召時に海南島で死にかけたので、再度の召集を受けて悲壮な気分になったのであろう。ここで矢部に吐露している、台北帝大を辞めたかったという考えはその後あまり書いていないので、興味深い。もしこのときに実際に軍務に就いて、その後に台北帝大を辞めていたら、中村の人生は大きく変わったと思われる。ところが、おかしいことに、台湾に帰った中村は、体格検査で不合格になり、召集が即日解除になってしまう。『矢部貞治日記』では、中村が悲壮な覚悟を語って去った二週間後の九月二七日の欄に、「中村哲君から航空便で、召集は即日解除になった由。[47]」という一文が書かれている。

この事件の直後に、中村はもう一度上京したようである。佐々弘雄たちとの研究会に何回か出席していたところ、一九四一年一〇月一五日の会合に尾崎秀実が現れなかった。尾崎はその日、ゾルゲ事件で逮捕されたのである。中村はあわてて台北に戻った。この事件の中で、結局、大学を辞めて転身する話しもうやむやになってしまう。

中村はその後、結婚した。中村は、しかし、ここで見せたような動揺が落ち着いて、台湾に骨をうずめるというような気分にはならなかったようである。

日本が真珠湾を攻撃して対米戦争が始まった後も、中村は機会を見て東京にきていたようである。「中村哲君から手紙で、台湾に帰るのに、頻々と潜水艦による撃沈があり、一旦朝鮮に行き、上海を経て、漸く帰台した旨の報告。」（一九四二年三月九日[48]）。「朝中村哲君が来て、主として、台北帝大の政治学の後任教授のことを話した。僕は別に推薦するといふ意味ではなく、原田鋼君のことを指摘して置いた。」（一九四二年一一月一日[49]）。「研究室で此の機会に『兵学校見学の所感』を書いてしまはうとしたが、少しすると、台北帝大の中村哲君が、支那から帰った話しを持ってやって来て、結局進捗せず。」（一九四三年一〇月二一日[50]）。

ところが、このころから、矢部の中村哲への評価が微妙に変わってくる。「今度は又珍らしく最近台湾から妊娠中の細君をつれて帰った中村哲君が来、（中略）珍客ばかり三人集って、ウィスキー一本をあけてしまった。」（一九四四年一〇月二二日[51]）、「中村哲がやって来て、台湾に帰るのに飛行機に乗るやう尽力して呉れとか、台北帝大教授の肩書は持ったままで軍の仕事をしたいとか勝手なことを申込むが、どれも駄目だと返事。」（一九四四年一〇月二三日[52]）、「午後中村哲君が来て、細君を失った機会に台北帝大を辞して新聞社に入りたいといふ。賛成しておいた。」（一九四四年一二月二日[53]）。「六時に起床して大学に行く。直ぐ中村哲君が来て佐々氏と三人で自分の身上のことにつき相談したいなどといふ。（中略）已むを得ぬので、僕の部屋で待ってゐた佐々氏と中村君を誘ひ山上御殿で中食しながら中村君の件を話し、佐々氏の意見で論説委員の方にでも世話して貰ふことにした。」（一九四四年一二月五日[54]）、「夕食後一寸中村哲君が来てその一身上の話しをしたが、忙しいので十分位で帰って貰ふ。」（一九四五年五月一六日[55]）という具合である。

(7)　妻子についての中村の沈黙

中村の戦前の活躍を紹介するときに、どこまで書くべきか迷うことがひとつある。戦争中に台湾で結婚して、戦争末期に死別した妻、中村ゆり子のことである。中村は、戦後になっても亡くなった妻にはほとんど言及していない。中村はよく身辺のことを語っているので、この沈黙は関心を引く。

中村は、かつて、三木清との交際について書いた「三木先生の回想」という文章の中で、三木に最後に会ったときのことに触れている。最初、私はそれを中村の小論集『不安と反抗』に収録されたもので読んだ。そこでは、徴用で南方に派遣されていた三木が帰途に台北に立ち寄ったので、親しい友人と酒宴を開いて快気焔をあげたこと、三木はフィリピンの現地での見聞から欧米に勝てるはずがないという意見であったこと、後に中村が同じような趣旨のことを東京の雑誌に書いたところ情報局で引っかかってそれきり原稿の依頼がこなくなったので、こうした意見を公然と唱えている三木の身の上を案じていたところ、実際に三木が逮捕されたことなども書かれていて、中村の反軍思想形成の上でも興味ある文章となっているが、そこに、どうも気になる部分があった。

「先生に最後にお会いしたのは、フィリッピンからの帰途を台北に立ち寄られた時のことであった。新聞社の連絡で三木さんたちの一行が旅客機をまって偕行社に滞留しておられることを知ったので、早速出かけてみた。三木さんは台北での知己を誰も呼び出さずに、汚れた畳の上で、たいくつそうに坐っておられた。いまでも、ひかえ目な喜びからこちらをふり向かれたときの顔の表情が思い出される。先生は初めてお会いするときは、いつも多少気まずいような内面的な表情をされる。そのときもそうであった。

若い女の土産をみてくれないかというので、百貨店の菊元にある土産品の売場に先生を案内した。こういうものは苦手だという顔をして、先生独特の笑いをうかべながら、サンゴ細工を選んでおられた。そうした間、『物を書くのは気をつけろよ』と思い出したようにいわれた。なにか親せきの人へのお土産のような口ぶりだったが、今から思うと、まもなく亡くなられた夫人へのお土産だったわけだ」(56)。

気になるのは、「先生は初めてお会いするときは、いつも多少気まずいような内面的な表情をされる。そのときもそうであった。」という一文である。中村との再会を喜ぶ表情を見せたと書いた後で、なぜ、初対面の人に接する三木の表情の話しなのか。よく理解できない。それに、久しぶりに会うなり、百貨店に出かけて「若い女の土産」の品選びをしているのは、三木と中村の交遊のあり方としては奇妙ではないか。

しかし、最近この疑問が解けた。「三木先生の回想」は、以前に「先生の印象」として『回想の三木清』という書物に収められて発表されたのだが、法政大学の図書館にも所蔵されている、一九四八年の三一書房刊『回想の三木清』を読んでも、そこには中村の文章が入っていない。そこで、私は、長い間、中村が勘違いしていて、別の書名の本に寄せたものとばかり思っていた。ところが、この一九四八年に、これと相前後して、もう一冊、書名も同じ、執筆者も大幅に重なる『回想の三木清』が、文化書院からも出版されていた。まさかこのようなことになっているとは知らなかったが、こちらには、中村の文章が掲載されている。中村の勘違いではなく、私の勘違いだったのである。

今回、文化書院版の『回想の三木清』に載っている中村の文章「先生の印象」を読んだところ、『不安と反抗』に収録された文章と一ヵ所違っている。ここに一文が欠落している。もともとは、次のような文脈だったのである。

「いまでも、ひかえ目な喜びからこちらをふり向かれた時の顔の表情が思い出される。先生は初めてお会ひするときは、いつも多少気まづいような内面的な表情をされる。そのときもさうであつた。妻を伴つていつたので、東京にもつてゆかれるはずのシヤボンや洋手拭をカバンから出して下さつた。若い女の土産をみてくれないかというので、百貨店の菊元にある土産品の売場に先生を案内した(57)」。

これならばよく分かる。中村の妻は三木に初対面であったのだから、初対面のときの表情について書いたのだし、予定外の展開だったので、三木が、自分の妻への土産のつもりだったのだろう、フィリピンで入手したアメリカ製の石鹼とタオルを、中村の妻にプレゼントし、そのために品薄になった土産を補充するので、若い自分の妻への土産をみてくれないかと頼み、中村の妻の先導で、三木と中村の二人が後ろについてデパートに買い物に行くという情景が目に浮かぶようである。

この「妻を伴つていつたので、東京にもつてゆかれるはずのシヤボンや洋手拭をカバンから出して下さつた。」という一文を、中村は、『不安と反抗』を出版した一九五四年にすでに削除している。ひとたびは、敬愛する三木清の人柄を紹介するために妻にも言及したが、思い直して削除した。亡くなった妻について語らないという中村の気持ちはとても強いものがあったのだと思う。

そういう中村の沈黙の封印を切ることには大きなためらいがある。だが、将来における中村研究のためには、いくつか書いておかなければならない事情がある。

この事情を指摘する前に触れておきたいが、中村が妻の生前に彼女について触れた文章として、一九四四年九月一日づけの後藤新平『日本植民政策一斑・日本膨張論』の「序」[58]がある。中村は、一九四四年に、日本評論社に対して「明治文化叢書」の一環として後藤の『日本植民政策一斑』の普及版を出版することを提案し、この著作の解題を引き受けた。ところが、日本評論社側がこれに同じ後藤新平の『日本膨張論』を加えるように提案してきた。中村もこの案に賛成したが、こちらはあまり有名な著作ではないので、各図書館等にも利用可能な原本がなく、結局、東京日比谷の市政調査会の図書館のものを使うこととなった。そのために中村はこの図書館に日参して筆写した。台湾に帰任する予定の日が近くて間に合わないので、「妻の手をもわずらわして筆写した」と「序」に書き記している。

こうした妻の協力もあって、同書は、一九四四年一二月一〇日に出版された。中村は、それに合わせるように、この年の秋一〇月に、妻とともに再び東京に戻った。当時、妻は妊娠しており、その出産準備のための帰国でもあった。ところが、この旅の途中で妻は病気になり、一一月に東京の病院で死亡した。妻の命を救うために、妊娠中の子どもを切開したが、それでも間に合わなかった。妻の手助けで完成した『日本植民政策一斑・日本膨張論』であったが、彼女はその完成を見ることもなかったのである。

妻子を失った中村の悲しみの深さを書くことは難しい。中村は、生涯変わらず、この失った妻と子どもへの問いかけを持ち続けていたのであろう。中村が、戦後社会であれほど活躍していても、なお、心の中には若い妻と小さな子どもを失った夫、父親の永遠の悲しみをもっていたことに深く感じるものがある。

中村は、こうした妻子の死亡が、自分の判断の誤りによるものであることを気にしていた。当時は、米軍が台湾を攻撃すると予測されており、そうすると、中村自身は召集されるであろうし、残された妻の出産や育児は、戦乱を逃れて行うことになる。中村は、こうした事態を避けるために妻を日本内地の妻の実家に戻した。ところが、結果的には台湾攻撃はなく、米軍は沖縄に向かったのであるから、無理して旅をさせることはなかったのであるし、もしそうしていれば、病気にかかることもなく台湾で無事に出産できたし、母子ともに健やかであったかもしれない。自分が誤った指示をして、それに従ったことが妻子を死地に追いやってしまった。このことが否定できないのが中村には辛かったのである。

もうひとつは、中村の転進の決意である。先に、『矢部貞治日記』での中村に関する記述を紹介した。そのなかに、「午後中村哲君が来て、細君を失った機会に台北帝大を辞して新聞社に入りたいという。賛成しておいた。」（一九四四年一二月二日）という記述があった。妻を亡くしたあとで、妻との生活の思い出の強すぎる台湾に戻りたくなくて、母子の遺骨を埋葬した近くで生活したいという気持ちもあったであろう。戦局が緊迫して、台湾に帰ることが難しくなったことも、中村が東京でぐずぐずする言い訳になったと思われる。中村は、そのまま東京に残り、一種の職場放棄をしていたことになる。

(8)　妻子の死去について論じた二人の発言

さて、中村の亡くなった妻については、翁長孝枝と飯田泰三という二人の人間によって、すでに公然と議論されている。今後の中村研究のために、この二つの発言を取り上げて、事実をはっきりさせておきたい。

まず、翁長孝枝の発言である。中村の愛弟子の一人である翁長は、中村の死去後の「偲ぶ会」で「弔辞」を読み上げた。一九六〇年代に沖縄から留学してきた翁長が中村に教わったことや、その後、中村の沖縄訪問中に同行して手伝いをしたことなどが語られて、心を打つものがあったが、そのなかに、「先生の頭髪が若い頃、台北帝大教授時代に最初の奥様を失った悲しみで、一夜にして銀髪に変わってしまわれたのだという噂を聞いて、その悲しみを悼む思いとともに、何ともロマンチックな想像力をかきたてられたものでした。」(59)という言葉があった。彼女はそれを出所不明の「噂」として紹介していたが、私は、きわめて不謹慎な発言であると思う。

これは事実ではない。戦後の中村の写真を見れば、いくらでも、まだ黒い毛髪にお目にかかることができる。それに、これは、葬儀の席で披露すべき話しではない。こういう席で語れば、いかにもまことしやかに事実であるかのように伝わっていく。こういうデマを語って、悲しみに暮れる今の妻などの遺族の気持ちをかき乱すこともないだろうに、と思う。そして、こういうデマの拡散を防ぐには、真実をきっちりと語らなければならないし、それが逆にまたプライバシーにふみ込むことになる。そうならないように、ここでは、翁長の発言が虚偽であることを説明するにとどめておく。

だが、ここでさらに問題にすべき飯田の作になる文章がある。

一九九六年の秋、『丸山真男集』第一四巻の月報一四に、中村の名前のついた「丸山君と戦中・戦後の日々」(60)という文章が掲載されている。これは、飯田が「談話筆記」したことになっているが、そこに、亡くなった妻について、このような記述がある。

「(戒能通孝)の博識なおしゃべりを、それまでの助手連中はあまり本気で相手にしなかったのを、よく聞いて、研究室らしい雰囲気を作ったのが、丸山君でした。高柳賢三先生などもよく顔を出されました。

私は台湾が戦場になろうとする直前の時期に、女房がちょうどお産で、戦場になれば新高山の中の原住民部落に避難してお産しなければならず、私個人は一度戦場で負傷して帰ってきていたが、学徒出陣で教え子のクラスが一挙になくなるし、私自身また召集されて民兵みたいになる可能性があったから、同僚に相談したら、民間人でいるうちに女房を内地に帰したほうがいいということになって、船で帰国の途についたが、デング熱になり、まもなく女房を亡くしてしまったわけです。それで台北大学を辞めて一人東京に引き揚げてきてからも、研究室に行って会うのは丸山君でした。そのころは丸山君はもう助教授でしたが、自分の考えをもった人でした」(61)。

これは奇怪な文章である。中村の真意を伝えているのかは大いに疑問である。戦後一貫して亡くした妻への言及を避けてきた中村が、これほど詳細に自分のプライバシーを公表することに同意したとは思われない。

飯田の文章中での妻に関する記述は、前後の文脈から遊離して突然に登場する。この記述の直前の文章も、すぐ後の文章も、文京区本郷の東大キャンパス内、正門を入って直ぐ右にある東大法学部の研究室棟における丸山真男との交遊を扱っている。中村が、生涯自らに課していた禁を破ってまで、ここに、このような妻に関する文章を挿入する必要性はまったくない。これを外して読めば、中村の考えの流れは、戦争中の研究室での丸山との交遊に続いて、戦後の交遊の回顧につながっていって自然である。妻の死に関するこの説明は、中村と丸山の交遊に何も関係していない。つまり、これは、中村の立場からすると書くべき理由のない文章である。中村は、このように理由のない場所で亡くなった妻子について書くことはない。

思考の流れの面からも、文章の構成の上からも、私には、もし中村がこのように話したのだとしたら、そうする理由がまったく分からない。むしろ、考えられるのは、飯田が、こんなことも知っているのだぞという調子で、得意になって中村のプライバシーを独断で公表したのではないかという疑惑である。

晩年の中村は、さすがに加齢によって思考や記憶が混乱しているところがあり、亡くした妻子を語らないという点でも多少ガードが甘くなってぽろっと話すことがあった。たとえば、『読本　憲法の一〇〇年　3』のインタビューでも、中村は、「日本の敗戦色濃くなって、台湾が戦場となる軍の想定であったので、私は妊娠中の妻を親元に還すのと、中央との連絡の必要があり、上京したのですが、日赤本院で妻を亡くし」と語っている。だが、この言葉も中村にすれば語るべき理由がなくもなかった。この文章は、「日赤本院で妻を亡くし、いざ帰任ということで、軍用機の利用を朝日の佐々さんに依頼しに行ったところ、副主幹の嘉治隆一さんと一緒に面会室に出てきて、いまやそういう段階ではない、緒方（竹虎）情報局総裁と会って身の振り方をまかせるがよい、幸い終戦工作の段階に入っており、最高戦争指導会議は君の案なのだから、といわれたのです(62)」と、中村と終戦工作のかかわりの契機を説明する趣旨の発言であった。

また、晩年の中村は、自分の書いた文章であっても、十分に推敲し、校正を加える力が減退している。中村のインタビューで、不規則発言を編集部サイドで不用意に記録化してしまったものを中村が見逃してしまったということもよくある。だが、こういう加齢に伴う問題を除けば、中村は、自分の文書では、従前のように、妻子に触れないという態度を守っていた。

晩年の中村は、記憶の細部には多くの勘違いが生じていた。こういう中村にインタビューして記録化するときには、したがって、よくよく考えて記録を残さないと、中村の考えを取り違えることになる。

飯田の文章は、事実の指摘であるから、その真偽は確認できる。「女房がちょうどお産で、戦場になれば新高山の中の原住民部落に避難してお産しなければならず」と発言したことになっているが、「新高山の中の原住民部落に避難して」出産しなければならないという先住民族を蔑視したような考えは、到底「台湾民俗学の中村哲」のものとは思えない。中村には、高砂族などの先住民族の友人もいる。

また、飯田は「私個人は一度戦場で負傷して帰ってきていたが、学徒出陣で教え子のクラスが一挙になくなるし」と書いているが、これでは、中村の戦傷は敗戦直前のことのように聞こえる。実際は、戦傷は一九三九年の春で、学徒出陣は一九四四年であるので、五年間の期間があり、中村の思い出がでこのように繋がることはない。「私自身また召集されて民兵みたいになる可能性があったから」と書いているが、「民兵みたいになる」という言葉は聞いたことがない。中村が言うとしたら、「民兵」ではなく「国民義勇兵」である。「デング熱にし、まもなく女房を亡くしてしまった」と書いているが、通常、デング熱では人間は死なない。こうしてみると、この部分は、ほとんどが飯田による思い込みを中村の発言であるかのように装ったものでしかないことが分かる。

(9) 中村と沖縄戦

「丸山君と戦中・戦後の日々」には、もう一つ、問題の文章がある。これは、中村の根本的な信条を物語っており、はるかに深刻な問題を含んでいる。それは次のような内容のものである。

「僕は沖縄文化研究所を法政大学に作ったが、それは台湾から女房を引き揚げさせた直後、当時の台湾軍司令官だった安藤中将、最右翼の悪名高い長大佐らが、沖縄へ移動するんだ。マッカーサーの『沖縄決戦』という戦略に変って……。つまり、台湾が戦場にならなかった犠牲としての沖縄という構図なんだ。女房を亡くしたり、自分も生死の境を越えながらかかわった台湾、そして沖縄、という思いが僕にはあるんだ。慚愧に堪えないという思い……」(63)。

中村は、戦争指導的な立場に就くことを嫌って、国民の義務を果たすべく一兵卒として従軍した人である。瀕死の重傷をおわされたときも、一等兵であった。そういう人間が、なぜ、台湾の代わりに沖縄が戦場になったことに対して、作戦指導と何の関係もない身であるのに、責任を感じて「慚愧に堪えない」と謝罪するのか。いったい誰に、何を謝罪するのか。よく分からない文章である。

私は、中村が沖縄戦に関して「慚愧に堪えない」という考え方に到達した文章はないと思う。晩年にそういう心境になったのであれば、その論理が分からない。沖縄戦はアメリカ側の戦略的な決定で開始されたのであって、日本側が主導して決めたことではない。日本側が、台湾の代わりに沖縄を人身御供のように米軍に差し出したというものでもない。中村には謝罪する理由はないし、そういう考えに立ったことはない。中村は、晩年になって考えが変わったのだろうか。私は、そうではなくて、これは、実は根拠のない飯田の創作なのではないかと考えている。

ことがらは、法政大学沖縄文化研究所の設立趣旨にもかかわってくる。私は、この研究所が、この「談話筆記」の言うように、「慚愧に堪えない」といった左翼文化人的な安っぽい戦争責任論などから作られたのだとしたら、その志の低さに驚き、研究所のために失望する。

中村は、こういう安直な戦争責任論を退けて生きてきた人ではなかったのか。それが中村の人間的な迫力であったのではないか。中村は、ゴーギャンのタヒチや棟方志功の倉敷がそうであったように、台湾や沖縄の南方の風土に触れることで大きく飛躍し、多いに癒された。こういう南方地域の豊かさとやさしさ、台湾や沖縄の自然、文化、歴史へのトータルな関心が中村を突き動かしていたのであって、安直で政治論的な、その場で思いついたような戦争責任論が動機になって沖縄文化研究所を作ったなどという言葉は似つかわしくない。これも飯田の創作であろう。

飯田の書くものには、不勉強なために事実関係に関する誤りが多い。中村は、「台湾から女房を引き揚げさせた直後、当時の台湾軍司令官だった安藤中将、最右翼の悪名高い長大佐らが、沖縄へ移動するんだ」と話したことになっている。「移動するんだ」と、いかにも伝法な中村の口調であってリアルである。

しかし、台湾軍司令官安藤中将という表現は不正確で、安藤利吉は、一九四四年から陸軍大将で、台湾軍司令官とともに、台湾総督、第十方面軍司令官も兼任していた。その安藤が、部隊とともにであれ、単独であれ、沖縄第三二軍に転任させられたという事実はない。むしろ、台湾防衛と沖縄防衛の戦略は対立していて、東京の大本営がレイテ戦に台湾の部隊を急いで派遣した代りに沖縄の第九師団を台湾に移した件は、大騒ぎになった。これは、当時台湾にいた中村のよく知っているところである。飯田の文章での転任の話しは荒唐無稽である。

また、長勇は沖縄戦を戦って戦死した軍人であり、それ以前には、日本国内の軍事クーデターや南京攻略戦などにも責任のある人物であるが、沖縄戦当時は第三二軍の参謀長で、陸軍少将（沖縄戦直前に中将）であった。彼は、沖縄に赴任すると、防衛体制の強化のために軍政を敷くべきだと主張した。沖縄はかりにも本土の一部であり、沖縄の住民は、米軍との戦闘に備えて訓練をつみ、軍にも十分に協力しているのに、その忠誠を無にする考え方である。長が率いていた部隊は、かつて行動していた中国北部の占領地で散々にひどいことをしてきた乱暴な部隊で、沖縄県民の家を徴発して入り込み、「物は勝手に使用し、婦女子は凌辱せらるる等、恰も占領地に在るが如き振舞[64]」で、東京の宮中で天皇の側近の間でもひんしゅくを買っていた。長は、台湾から移動したのではなく、中国戦線からひっこ抜かれた荒っぽい部隊を指揮するために東京から沖縄に「進駐」したのである。台湾にいた中村が、この乱暴者の長について「当時の台湾軍司令官だった安藤中将、最右翼の悪名高い長大佐らが、沖縄へ移動するんだ」などと、台湾から移動したと誤解するはずはない。

なお、「長大佐」というのは、昭和初期、軍部ファシズムの盛んになった時期の長の階級であり、呼び方である。沖縄戦における長は、「長少将」とか「長中将」と呼ぶのが当時の常識であるし、中村が、昭和初期の長と沖縄戦当時の長との区別もついていなかったとは思えない。また、私は、中村がどのような人に対してでも「悪名高い」などという世俗的な形容をしたのは聞いたことがない。この点も気になる。

さらに、「マッカーサーの『沖縄決戦』という戦略」といういい方も問題である。「沖縄決戦」という考え方は、日本側のものであって、アメリカの戦略ではない。日本軍は、来襲した米軍に壊滅的な出血、打撃を与えることでアメリカ国内に一挙に厭戦、反戦の機運を盛り上げて和平に持ち込もうと、戦艦大和の特攻攻撃や多数の特攻機の出撃も含めて、残存戦力の総力を投じて戦ったが、アメリカ側は、一九四五年の秋に予定していた日本本土上陸のオリンピック作戦につなげる前段階のアイスピック作戦として計画しており、この後には日本本土に対する原爆攻撃も計画していたのであって、沖縄戦が決戦、つまりここで勝利することで戦局の帰趨が決まり、その後は大規模戦闘にならないという決定的な戦いとまでは考えていなかった。この辺の記述は、戦争を現地で潜り抜けてきた中村の言葉とは思えない。第二次大戦についても、また、軍事史についても不勉強な飯田の勝手な空想による創作と思われる。

「女房を亡くしたり、自分も生死の境を越えながらかかわった台湾、そして沖縄、という思いが僕にはあるんだ。」という文章も理解に苦しむ。飯田は、このあたりにだけ二ヵ所、「……」という表現を挿入して、いかにも中村哲が考え、考えしながら重い口を開いたという印象の文章に仕上げているが、中村は、こういう風に、何かを自己主張する際に、その論拠として妻の死を安直に持ち出すようなことは絶対に避けてきた人である。そういう発想と真っ向から矛盾する言葉である。

それに、中村が「自分も生死の境を越えながらかかわった」のは、海南島であって台湾ではない。中村には、台湾で生死の境を越えてかかわったという思いはない。こういう言葉が中村の口から出てくることはありえない。飯田が一九三九年の中村の戦傷をほとんど知らないで、敗戦間際の負傷と誤解していることはすでに指摘した。敗戦間際であれば、確かに台湾にいたのであるから、「台湾で生死の境を越えながらかかわった」という言葉が発せられるかもしれないが、肝心の戦傷が五年も前の海南島で生じていては、中村の口からこういう言葉の出てくるわけがない。それがこのように、いかにも中村が語ったとされて「談話筆記」されていることには疑惑がある。これもまた、中村の戦傷の事情を知らない飯田の当て推量の創作ではないか。

このような事情にあるので、私は、この「談話筆記」が中村の考えをきちんと伝えているとは思っていない。そもそも、中村は、この「談話筆記」について、出版以前に原稿をチェックする機会を持っていたのであろうか。あるいは、中村に代わって、家族がチェックする機会があったのだろうか。それすらが疑問である。ここでは、これらの文章は飯田の想像による、飯田の創作であることを記しておきたい。

このように、翁長、飯田の両名によって、中村の妻子との死別が誤った形で社会に知らされている。これを正しておかないと、誤解が残るので、おそらくは、中村は、こうして話題にすることすら嫌がると思うが、ここに、細かな批判を加えなければならなかった。

中村は、一九四四年一一月、富士山がきれいに見えた日に、胎児であった子どもと妻とを相次いで失った。中村の妻子の死去の事情、中村の当時の気持ち、戦後になってからの追慕の気持ちなどについて、私が知ることは他にもあるが、中村の意思を尊重して、ここでそれを公表することは避けておきたい。

⑽　中村憲法論における戦争責任論の不在

中村の憲法理論の中では、平和の問題についての言及は少ない。もとより、中村も、自身の戦傷や東京の実家の焼失、近親者の死去などがあり、戦争の被害者であった。実際に侵略軍の一兵卒として戦闘に参加して小銃を撃ちまくり、逆に国土防衛のために応戦した中国兵の銃弾に撃ち抜かれて瀕死の重傷を負った憲法学者はほかにいない。だから、中村が、その体験をもとにして日本軍の責任や平和の必要性を説けば、迫力満点であったのに、中村は、それを特に強調して平和主義の憲法理論を構築しようとはしなかった。

このことは、中村が天皇や軍部の責任の追及においても甘かったということにつながる。台湾のような植民地の支配について、責任と謝罪、賠償金や補償金の支払いが必要であるという発想もない。

中村は、海南島にいた当時にこう書いている。

「三月二十二日絵葉書三枚拝受。……（中略）……［送ってもらった舞子（ママ。舞妓？）の絵葉書三枚、有難く拝観した。ああいふ女人の感じは、戦場では部隊とともにつねに軍経営の公娼が開設されてゐるから、見あきてゐるくらいだ。この種の公娼は、各隊に使用日がなぜか定められてゐて、半時間一円ぐらいの相場だ。台湾人、朝鮮人、内地人の別があり、定価が異る。内地人は京都の遊郭からも出張して来てゐる。不潔な感じがするので、相変らず、使用はしないが、よくぶらぶら遊びにゆく。さういふ女はサックをふくらませて、風せんにしたりしてゐる。

かういふことになれて来たこと、女濹東奇譚後日記をはるかに、こえて来てゐる。火野葦平のものなどをみても、戦争する人間の積極的な面ばかりを書いてゐることに、かういふところにゐると不満を感ずることがあるが、上田進の『黄塵』に至っては偽善的ないやらしさを感ずる。林芙美子の『戦線』のほうが好感がもてた。けふは、手紙をかいて、ぶらぶらしてゐるうちに、もう夕方に近くなった。」窓の下には支那の童子が残飯を乞ひにかごをぶらさげてすはってゐる。かういふ子供に煙草をほうってやって争奪戦をやらしたりするのは面白い。言ひ忘れたが、五つ六つの子供でも、みんな煙草をすひ、ばくちをやってゐる。みんなソフトをかぶって、はだしでゐるのも、なんとなくおかしい。」（一九三九年三月二八日、友野代三あて書簡）

この書簡は、同人誌『童説』に掲載して公表することを前提に書かれており、実際、同誌一七号に「戦傷」と題して掲載されている。しかし、ここに紹介した部分のうち、「　」の部分は、掲載時に削除されている。当時の戦争文学に対する中村の意見は多少危険であった。削除が警察による検閲の結果なのか、『童説』同人の自己規制なのかは明らかでない。その理由も、従軍慰安所に関する、さすがにリアルな描写のためか、戦争文学批判のためか、判然としない。

この記述には、史料的な価値がある。戦争中に日本軍が各地に開設した慰安所に関しては、いうまでもなく、その存否、経営の性格、慰安婦に対する謝罪と補償の要否をめぐって大論争があり、両派が懸命に実態の把握に努力したところである。その中で、海南島に設置した慰安所については、目撃証言や文書資料が乏しく[65]、中村のこの書簡は、きわめて珍しい目撃者の証言となっている。

この書簡は、現在、私の手元にある。以前に、中村の蔵書を法政大学沖縄文化研究所に寄贈する際に、脇にのけられた資料ファイルのうちで、研究に役立ちそうなものを分けていただけるというご家族の厚意があり、私は、迷わず、「終戦前後」の一冊のファイルを頂戴した。この書簡は、そこに収録された資料の一部である。私は、こういう経過で活用を託された者としての立場で、この書簡を削除前の完全な姿に戻すほうがよいと判断して公表することにしたのであるが、このことによって、中村の晩年に、いわゆる従軍慰安婦問題が日本社会で浮上したときに、中村が、その実態を知りながら沈黙を守っていたことの是非も論じられるようになるであろう。

3　戦後社会の激動と中村の活躍

(1)「国体護持」論から国民主権論への豹変

さて、第二次大戦は終わった。日本の敗戦は、憲法学者の多くの研究業績を無に帰させた。憲法も、国家体制も崩壊したのであるから、旧来の学説は、継続することに意味を失った。中村の場合も、当時はまだ唯一の単著であった一九四三年の『植民地統治法の基本問題』や、それ以外のいくつかの論文は、何の意味もなくなったように見えた。

それとともに、憲法学者の目の前に生じたのが、憲法改正問題である。それはいくつかの段階を経て日本国憲法の制定に到達した。

まず、敗戦後の第一段階、一九四五年八月から九月にかけての時期は、日本側の関心は、ポツダム宣言の受諾によって要求される憲法改正は何か、ということの探求であった。この場合、これにもっとも関心があったのは官僚であって、一般の国民にはほとんど関心のない話しであった。官僚たちは、この問題に自ら取り組むとともに、東京大学法学部などから、憲法学者、国際法学者の見解を求めた。それを受けて、憲法学者は、いっせいにこの課題に取り組むことになる。あるいは内閣法制局に呼ばれ、あるいは外務省に呼ばれ、各人が官僚の前でその思うところを述べている。また、アメリカ占領軍という新たな支配者の意向が示される前の段階であるので、憲法学者の状況認識と意見が率直に示されている。

一方、中村の場合は、まず、一九四五年八月二一日、「大学新聞」(東京帝大新聞の当時の呼称)の求めに応じて「国体の護持」(66)という論文を書いた。中村はこれを戦争中の発言の掉尾をなすものと考え、自身の著作目録を編んだときに、戦前編の最後にこの論文を持ってきた(67)。戦後の出発点を示す論文というのには恥ずかしかったのだろうが、戦後の中村が書いた最初の論文であることは否定できない。

中村は、ここで、ポツダム宣言受諾後にやってくる降伏と占領によって、アングロサクソン流の形の上での自由と平等が奔流となって流入してくるであろうが、天皇を中心に、日本の文化的な伝統を堅持してこれに対処すべきことを説いている。戦争の華は民族の自己発見であり、「われわれの皮膚と五体に汲み込んだものは戦争を通じて経験された規律ある秩序への思慕であり、秩序に結びついた真の自由である」。これは中村の、国体護持論であったし、当時の知識人が唱えうる、いかにもありそうな見解である。中村が、この発言を、敗戦から一週間もたっていないときに、学生相手に始めたというのは注目される。他の憲法学者は、官僚に求められる場合以外には口を閉ざして風向きをうかがっていた。中村は勇気ある憲法学者である。

中村は、さらに、同年九月から一〇月にかけて、矢部貞治、佐藤功らとともに憲法改正案を作成した。この改憲案は、ポツダム宣言の受諾によって憲法改正が不可避となったので、日本側でむしろ自主的、主体的に行おうとするものであり、①宣言受諾に伴って必要となる措置、②旧軍の解体に伴う措置、③天皇の地位と権限、特に大権事項の整除、④議会政の強化に向けた制度改革、などを柱としていた。全体としては天皇の地位を護り、その国法上の権限を、非常事態、国家緊急事態における統合力の発揮に限定して、日常の政治は、議院内閣制の定型に近づけて、政府にゆだねようというものである。穏やかな改正案であったが、矢部貞治の「憲法改正件案」として敗戦直後の政界の要路に届けられ、日本の国家運営の重要な参考資料として使われた。

そこで議論した憲法改正案は、その後の政治の変動の中に埋没してしまったが、中村は一九四六年一月「憲法改正と天皇制」(68)という論文を発表し、この憲法改正案を説明している。

この論文の中で、中村は、大日本帝国憲法では、主権は国家にあるのであり、天皇は主権の保持者ではなく、その総覧者に過ぎないこと、また、憲法を改正して、天皇とともに国民もまた主権者であるようにもって行く必要があることを説いている。中村は「天皇と国民とが一体であり、天皇は議会と結ばれるのではなく、国民そのものと結ばれるものであることは、また、わが国の古来の理念たる一君萬民、君民一体の思想の示すところであらう[69]」と説き、あるいは、「憲法第一条の文言の中に、君民同治の国体的理念を明文化し、萬民輔翼の一文を加へること」「『国民における天皇』を主権者とし、憲法の規定の中に、かかる条文を明記することは国体の変革ではないのみならず、国体を明らかにするに他ならないと信ずる[70]」と説いている。こうした、天皇と国民の直接的な結びつきを強化して、中間の機構を簡素化し、あるいは削除しようというのは、当時の各種の憲法改正案に共通する方向性であった。

中村はさらに、「一つの民族がその民族にのみ通用する信仰と感情をもち、そこに中心的な族長をもつこと、それ自身はなんら反動的でも、軍国的でもない。本来、民族の内部においてのみ通用される天皇への崇仰を、異民族の上にまで及ぼしたところに侵略主義があつた」のであり、「本土以外の領土を失ひ、民族構成の単一化が齎らされた今日としては、真に血縁的な民族の表象として天皇の存在が考へられる[71]」と述べている。大学新聞紙上で、日本固有の国柄を強調して国体の護持を叫んだときと連続している考え方である。

なお、矢部貞治の「憲法改正件案」には、憲法に前文を置いて「特ニ基本的人権ノ尊重ト、民意ニ立脚スル政治運営ニツキ強調ス」べきであるとされており、「大日本帝国」を「日本国」に、また「帝国議会」を「国会」に改めるべきであるといったような具体的な提案もあり、その後の改正論議の展開からすると興味深いものがある。

(2)　憲法改正問題の急展開

さて、憲法改正問題は、一九四五年一〇月の段階になるとにわかに具体化する。GHQは、この月のはじめに、東久邇内閣の副総理、元首相の近衛文麿に改憲作業を指導せよと示唆し、それがアメリカ本国のジャーナズムで批判されると一変して関係を絶ち、新たに形成された幣原内閣に改憲作業への着手を促した。近衛は出身大学の京都大学法学部の憲法学教授、佐々木惣一らの協力で改憲案の作成を急ぎ、幣原内閣は、憲法問題担当にかつて東京大学法学部教授であった松本烝治大臣を起用し、入江俊郎、佐藤達夫らの官僚と東大の憲法学者である美濃部達吉や宮沢俊義の協力で作業を進めた。

それとともに日本政府にとってショッキングであったのが、一〇月四日にGHQから示された「自由の指令」と、同月一一日の「五大改革指令」であった。婦人参政権の付与、労働組合結成の奨励もさることながら、治安維持法の廃止、言論抑圧立法の廃止、政治犯の釈放を命じた指令に日本側は衝撃を受け、東久邇内閣が崩壊した。GHQの改革意欲の深さを日本側が初めて認識したのである。

当時の日本で、もう一つ厄介な存在が、戦争中に選ばれたままの帝国議会衆議院のメンバーであった。大政翼賛会の推薦をえて当選した議員たちは、戦争遂行の指導を行ってきたのであり、戦犯として責任を追及されるべき者、あるいは公職追放に該当する者が多かった。こうした議員たちに、軍国主義克服の憲法改正を扱わせるのはいかにも不当であるので、議会のメンバーの入れ替えが必要とされた。日本側は、「自由の指令」を受けると選挙法の改正に着手し、一九四五年一二月に、衆議院議員選挙法の改正が行われた。今日では、女性の参政権を認めた法改正としてよく知られているところであるが、同時に、天皇制批判を強めて左傾化していた在日朝鮮人を政治から排除するために、改正案検討の途中でにわかに選挙権を剝奪した法改正でもあった[72]。そして、政府としては、これに基づいて、四六年の年初に衆議院を解散して総選挙を行い、新しく選ばれた衆議院で貴族院の改組を図り、両院がきちんと出揃った段階で憲法改正を具体化しようと計画していた。

中村は、この時期になると、各方面の要請に応えて、活発な執筆、講演活動を行うようになる。たとえば、『立憲政の本義』[73]では、日本におけるデモクラシーの思想は、明治の自由民権運動にあり、ハーバート・スペンサーの『社会平等論』、ジャン・ジャック・ルソーの『民約論』、ジョン・ステュアート・ミルの『代議政体論』などは当時も広く読まれていたと指摘した上で、大日本帝国憲法にはそういう自由とデモクラシーの思想も入っているのであるから、現在の民主化という考え方は、憲法を改正して民主主義的な面を強化すれば十分に実現できると主張している。その上で中村は、自由権、平等、参政権、権力分立、議会政に触れて、西欧的な立憲主義がこの憲法の下でも十分に可能であるし、戦後社会はこういう原理に基づいて動いていかなければならないと強調している。

中村は、手放しでデモクラシーを礼賛していたのではない。この原理が健全に機能するには、国民の政治的な自覚が大事であると、繰り返し指摘しているところである。また、中村は、政治がすべてに優先するとも考えてはいない。たとえば、この時期に書かれた「俳諧と民主主義」[74]という論文で、中村は、時代の合言葉となった民主主義が、政治的なデモクラシーの範囲からあふれ出て、社会や文化の特効薬のように氾濫していて、俳諧のような文学の世界でも民主化が叫ばれているが、それは、「文学を民衆の方に引き下すことではなく、文学の高さに民衆を引き上げることでなければならない。文学はむしろ本質的に貴族的なものであり、高邁な精神を語るものである。[75]」「良き文学は民衆の歓心を求めるべきものでもなければ、民衆の粗野な卑俗な感情を反映さすべきものでもない。文学の民衆化はあくまで、民衆が文学の高さにまで登りつめることにおいてのみ正しく、民衆の文化水準が高まつてのみ文学の民衆化といふこと、文学の民主化といふことが価値を持つて来るのである。[76]」と指摘している。そこで「個人の自覚と自由の意識が文学の出発点であり、政治から文学の独自性を区別することが最低の必要条件である。政治を直ちに文学に結びつけることは、むしろ努めて避けねばならない。[77]」「文化の復興は文学が政治と結びつくことなく、その固有の地盤に一応戻つて再出発することに他ならない。[78]」ということになる。

こうした憲法改正に関する状況を一変させたのが、GHQによる憲法改正問題への干渉であり、それを受けた改正作業の急展開である。よく知られているように、政府の設置したいわゆる松本委員会での改憲案の検討は、松本担当大臣が一九四五年一二月八日の衆議院予算委員会で憲法改正の基本原則として示したように、①天皇が統治権を総攬するという大原則に変更は加えない、②天皇の大権事項を制限し、議会の議決を要する事項を拡大する、③国務大臣の輔弼責任は国務全般に及ぶものとし、かつ、議会に対して責任を負うものとする、④人民の権利、自由の保護を強化し、侵害行為に対する救済を十分にする、という四原則の範囲内で、東大卒の官僚と東大系の学者の共同作業として進められた。議論は天皇主権を基本にすえた微弱な小幅改正論に終始していたが、そこでの検討内容が毎日新聞によってスクープ報道されてGHQの知るところとなった。その保守的な内容に驚いたGHQは、一週間あまりで急遽憲法改正案を作成して日本側に突きつけ、政府案として公表するように求めたのである。

この急展開と、占領軍による革命的な憲法草案の提示は、中村にとってもさぞかしショッキングなことであったであろう。中村の憲法学は、他の同世代の人に比べても質が悪くなかった。それでも中村の考えは、戦後の劇的な改革の動きのなかでは微温的であり、体制維持的であった。また、その手法が、重臣や一部の官僚に知恵をつけるようなものでしかなかった。中村は、矢部貞治らと考えた憲法改正案が、あっという間に時代の波に追い抜かれてしまう中で、自分のスタンスを見つめなおしている。

(3)　左翼憲法学者、中村哲の誕生

中村は、まず、戦争に関して、自分の反軍的な思想も活動も不十分であったことを深く反省するようになった。瀕死の重傷を負わされたのも戦争である。赴任地の台湾に戻ることも難しくなって、危機を察して日本に戻した妊娠中の妻にも死別され、東京の実家も空襲で焼けてしまい、そして、一応の身分はあるものの給料の支払いもなく、失業状態に陥った。こういう個人史を経験して、中村は、戦争の悲惨さを自覚するようになった。

もう一点は、社会の改革は、人々の力をあわせて行わなければ成功しないという思想の深化である。「今日、このことを通じて反省させられるのは、民衆の力なしに、このような宮廷政治の仕方で、暴力に対抗しようとすることは、かえって、これと妥協することにもなるということで、戦後のわたしは、そういうことを大いに反省させられたのであった(79)」という考えに立つようになったのであるから、以前に自分が考えた最高国防会議案についても手厳しい。

中村は、よく、河上肇博士の自叙伝を「もっとも高い魂の記録(80)」と評価していた。そして、河上のあとを追うように、自身もマルクシズムに傾斜していった。学生時代に、反戦活動をして警察に連行されていく共産党の活動家学生たちを黙って見送ってしまった自分を責める気持ちもあったようである。民衆の力なしには改革ができない、という思いも痛切である。それが、コミュニスト中村哲の誕生をもたらすことになる。中村は、このときをターニングポイントにして、それまでのリベラリスト、ヒューマニストの立場から左傾化し、マルクシズムに傾斜していった。

こういう立場の中村は、できあがった日本国憲法を共和制憲法として理解して、そこに国民主権原理の明確な表現を求めようとして奮闘することになる。後に中村は、この時期を、自分の思想的な脱皮の時期と回顧しているが、まさに見事に君子豹変し、左翼憲法学者、中村哲の存在が一躍日本中に知られることとなったのである。

(4) 中村と大宅壮一

この時期の中村の豹変振りについて冷やかし気味に紹介している人物がいる。第二次大戦中の戦争協力ぶりから公職追放者指名を恐れて「猿取哲」の別名で執筆活動をしていた大宅壮一である。大変に興味深い内容なので紹介しておこう。

「中村哲は『吉野作造第二世』といった感じである。本人も吉野式啓蒙主義の戦後版をねらっているらしい。吉野は初めからジャーナリズムの桧舞台に打って出たせいか、死ぬまで『格』をくずさなかったが、中村はそんなことお構いなしに、どんなつまらん雑誌でも、頼まれれば何でも書くといった調子である。吉野は自分のことを『余は』などともいいかねないところがあったが、中村は『俺は』と平気で書く。この一点のみを見ても、この二人の間の時代の距離がはっきりわかる。それに中村には、吉野に見られない実践力がある。吉野は講演するにしても、大学の講堂のほかは、東京や大阪の公会堂といったようなところでしかやらなかったが、中村はどんな辺鄙なところへでも出かけてやってのける気軽さがある。

彼は昭和九年に東大を出て、十二年まで法学部助手、それから台北帝大助教授、十七年教授となり、憲法講座を担当していたが、終戦直前ほとんど無一物で内地に引きあげてきた。官学教授らしいポーズをかなぐりすてて何でも書きまくるのは、一つは生活の必要からもきているのである。

しかし彼の存在を大きくクローズ・アップしたのは、昭和二十一年の華やかな憲法論争である。彼はこれまでのお上品な憲法学者には見られない激しい言葉で、新憲法の非民主性を指摘した。といって彼は平野（義太郎）のように共産党にも入っていないし、共産党的な立場をはっきり示しているわけでもない。ただ共産党でなければいえないようなことをずけずけといってのけるだけである。例えば『社会党が既成政党の票を食い、共産党が社会党の票を食うことによって初めて民主勢力の発展が見られる』といった調子である。……中略……

こんな風に書くと、彼は非常に烈しい性格の男のように思えるが、実際はおっとりした成城ボーイ型である。事実彼の夫人は幣原喜重郎の実兄幣原坦博士の令嬢で、有名な竹越三叉は彼の叔父に当るといえば、彼の生活環境が大体見当がつくだろう。だから世が世なれば、彼も官学のプロフェッサーとして順調に位階勲等を進め、義父の後を襲うて台北帝大総長の地位にゴール・インしたことであろう。

現在彼は法大法学部長の傍ら、青年文化会議議長その他各種民主主義団体役員の肩書を一打（ダース）ばかりもっていることは平野と同じである。また『潮流』から『近代文学』にいたる左翼的な雑誌に関係し、「成田新一」というペンネームをも併用して、小説めいたものまで書いている。しかしただのジャーナリストとしては、それほど珍重すべき才能ではないから、学問のストックを使い果してしまわぬよう戒心すべきである(81)」。

大宅壮一と中村の間には奇妙な因縁がある。まず、昭和五年の年末に、中村が通学していた旧制成城高校の文芸部が座談会と酒宴を行い、そこにゲストとして招かれたのが小説家の下村千秋と弟分の大宅壮一の二人であった。中村は、この日のことが印象深かったのか、あちらこちらに書いているが、大宅のほうはこの小生意気な高校生をどう認識しただろうか。

第二の機会には不思議な人物が介在する。中村は東京帝国大学法学部政治学科一年生当時に、論文「ファシズムの政治理論」で法学部懸賞論文に当選した。しばらくすると、雑誌『日本国民』の社主、伊東阪二（ハンニ）が接近してきて、「あなたを日本の新しい評論家として期待したいので、今創刊しようとしている総合雑誌の『日本国民』に執筆してほしい」と口説いた。中村は、高額の謝礼を提供されたので、断ることもなかろうと当選論文の掲載を承諾したところ、「イタリーの涼風」という題名で『日本国民』第三号に掲載された(82)。

この伊東ハンニという人は、昭和初期の金輸出解禁、再禁輸を軸とする国際的、国内的な金融、経済の混乱を見事に予見した相場師、投機師であり、昭和の天一坊とまで言われた。[83] 中村が会ったのは、ハンニがこの大相場で大もうけした私財を提供して言論界に進出してきた時期である。ハンニとしては、若手の有望な人材に手をつけておきたかったところであり、中村は、そういう人材であると見込まれたのである。中村はのんきなもので、ここで貰った謝礼で溜まっていた同人誌の会費を支払い、芥川龍之介全集を買ったといっている。[84]

中村は、その後、しかし、指導教授の南原繁に叱られてハンニとの関係を断った。中村自身は、南原の指導は、若手研究者の学外に向けてあるべき姿勢に関する原則を教えたものとしていた。それはそうなのだが、南原の持った危惧の念の中には、幾分か、世間ずれしていない中村が「よりによってこんなに胡散臭い伊東ハンニのような人間とつきあっている」という思いもあったと思われる。

この時期のハンニに接近してすっかりほれ込んだのが大宅壮一であった。大宅は、ハンニが昭和の太閤秀吉なら、自分は昭和の蜂須賀小六である、大宅小六であるといっていた。『日本国民』に執筆し、編集にも深くかかわっている。中村の論文に「イタリーの涼風」という新題名をつけたのも大宅であろうと思われる。いや、もともと、社会的には全く無名の中村がハンニの眼にとまった過程でも、大宅の推薦があったと考えるのが自然であるが、確たる証拠はない。

大宅は、この後にハンニが相場で失敗して転げ落ち、最後は詐欺罪で服役するように没落していく過程でも、懸命にハンニを支えている。そういう大宅から見れば、調子の良い時期のハンニに付き合ってさっさと消えた中村には面白くない印象もあったのではないか。この人物評での中村論には、好意とともに多少のいやみが含まれている。

(5) 矢部貞治との決別

中村と矢部貞治との交際、そして、矢部の側からの中村評価の低下についてはすでに書いた。一九四五年八月一五日の敗戦を経ても、評価は向上しない。「夕方から暴風雨になり電灯付かず、蚊には攻められるし、仕方なく早く蚊帳の中に入ったが、寝てから中村哲がやって来て、真闇の中で十時頃まで下らぬことをしゃべって行った。」(一九四五年八月二二日)[85]。「中村哲君が牛肉は要らぬかと言って来たので、三百匁百円で買ふ。少し古い代物らしい。何でも宮沢に頼まれて持参したのだが、当人が不在で処分に困るといふので引受けた。」(一九四五年八月二八日)[86]。「中村哲君の持参した牛肉は少し古くて少しも味がない。百円の値はない。」(一九四五年八月二九日)[87]。矢部は、他人の好き嫌いがはっきりしている。嫌いになると日記の中で呼び捨てにする。中村哲と呼び捨てにされるようになったのは中村であるから、中村と矢部の交際は、次の一文で終わっている。「夕食後は今度は中村哲がやって来た。法政に関係する由。少しお調子に乗って不愉快だ。」(一九四六年六月三〇日)[88]。この年五月、中村は法政大学法文学部を二分して新たに発足した法学部の教授になっている。中村としては、そのことの挨拶のつもりだったのだろう。しかしそれは、矢部の目からは、左傾化という時流におもねるものと映った。もはやそこには個人的な友人としての好意は感じられない。

こうした矢部の側の気持ちが分かったのか、中村は、この後、矢部から遠ざかってしまう。『矢部貞治日記』には、その後、中村との交際の記録は登場しない。そして、まるでエピローグのように、一九四六年九月一八日の欄に、次の一文が残されている。「大河内君が近頃共産党ばりの言辞を吐いてゐるといふ報もちょいちょい入る。信ぜられないが、何となく味気ない。味気ないもの、大河内（一男）、中村哲、具島（兼三郎）、そして室伏高信と、末弘厳太郎と、鈴木安蔵に至っては『終戦三人男』だ。[89]」。

4　新憲法の使徒への批判

(1)　右往左往する憲法学説

中村の回心は、将来、日本の憲法学史、あるいは、日本の法律家の思想史的な研究の対象、好個の素材とされるであろう。その際の参考までに当時の憲法学界の事情を若干書き記しておきたい。

戦前期の日本の憲法学者で、頭脳明晰できわめてシャープに議論を展開した一人に、黒田覚がいる。天皇機関説事件直後に京都帝大法学部がうろたえ、渡辺宗太郎教授を憲法講座担当から行政法講座に移した過程で、瓢簞から駒のように黒田が担当することになった憲法学の講義を活用して、ナチスドイツの憲法理論、とくにオットー・ケルロイター理論を導入して、戦時中には大いに盛んであったことはすでに述べた。敗戦後、黒田は、一転して日本国憲法を支持したが、戦争協力者として京大を追われ、公職追放の指定も受けて浪人し、後に神奈川大学に移った。黒田には、天皇の象徴性を、GHQ草案の提示以前に予見的に強調したと自慢する『憲法に於ける象徴と主権』[90]や、日本国憲法を早速に啓発的に紹介する『新憲法解説』[91]などがあるが、時流にあわせただけのものであって、戦前期の自分の仕事を総括して内在的に克服したという話しは聞いたことがない。

同じく、戦前期のシャープな憲法学者であった宮沢俊義が、東条英機首相による戦争指導の一体化のための参謀総長兼任が、明治憲法の定める権力の分立、統帥権の独立に反するのではないかという非難に反駁して、これを支持したことはすでに書いた。また、臣民権利論においては、宮沢は、ハンス・ケルゼンばりの自由権否定論者であった。

敗戦後、宮沢は、一九四五年の九月までは、こういう戦争中の言動の延長線上で、小幅憲法改正論に立って外務省の憲法問題検討会などでの議論をリードした。その際には、しかし、戦争中の言動から変化して、旧軍解体や議会制民主主義の復活強化のための手直しの必要性を指摘している。ポツダム宣言の受諾という国家行為によって、民主主義の復活強化が国是となると、いつのまにか、議会制民主主義者に戻っているという具合である。

だが、細かく見れば、宮沢俊義は、国民が直接に憲法改正の手続きにかかわるべきであるとは考えていなかった。外交に関しては、条約を大権事項として議会のコントロールの外においておくほうが良いといっている。基本的人権という考え方にたつ必要性などにも言及していない。ファッショ的な傾向は、国民の政治意識が低級な場合に生じるものであり、これを制限しようとすれば、国民の政治意識の向上、即ち、生活程度の向上に伴う余裕に基づいた教育を強化する必要があると述べ、「現在ノ段階ニ於ケル女子参政権ハ反対ナリ」と述べていた。

したがって、宮沢の憲法改正の議論では、従来の手続きによる大日本帝国憲法の小幅改正が想定されていた。つまり、官僚と学者によって内容的に正しい憲法改正案が準備されるべきなのである。憲法は天皇が制定した欽定憲法であり、その改正の発意の権限は天皇が排他的に所持しているが、そのことを疑問視してはいない。まして、まだ意識が遅れている国民が主人公になって憲法を改正するなどという事態は想定されていない。女性に至っては参政権すら与えるべきでないのであるから、女性が憲法改正にかかわることなど、まったく念頭にない。

それが、一〇月四日にGHQが「自由の指令」を発し、同月一一日に「五大改革指令」を発すると、考え方が変わっていく。この時期の宮沢の考え方を良く示しているのが、一一月に東大内で大学普及講座として行われた講義である。宮沢は、ポツダム宣言の求めている民主主義の確立が必要であり、そのためには、天皇の大権事項の制限、帝国議会の改革、地方自治の拡充、人権蹂躙の防止などが必要であり、「憲法を改革しなければ何にも出来ないといふわけではありませんが、やはり憲法を改正する方が効果的にいろいろな改革ができるのではないかと思ひます[92]」と、やや積極的に憲法改正の効果を主張するようになり、デモクラシーへの潮流を認めた上で、民主政治に内在する弊害に十分に注意してその対策を講じる必要性を力説している。デモクラシーには、弱体性、不安定、国権軽視、水準化、多数党の横暴、衆愚政治という欠点があるので、国民教育を通じた水準の向上を図り、ゆっくりと改革をすすめていく必要があると説いている。

宮沢の変化を明確にするポイントの一つが、女性の参政権の是非に関する一八〇度の転換である。宮沢は、外務省講演のわずか二週間後に、GHQが劇的な「五大改革指令」で女性の選挙権を認めるように命令すると、このように述べた。「デモクラシーといふものは大衆の教育といふことをその前提とするものであります。大衆の教育といふものが根本であります。しかし乍ら、同時に反対に大衆を民主政治的に教育するためにはデモクラシーの制度を実行するのが最も適切効果的なのであります。殊に女子の教育といふことにつきましても、女子に対してどんな政治教育を施すよりも参政権を与へるといふことが最も有効な方法であります。ただ如何なる場合においても教育といふものは時間を要するのであります。決して早急であつてはなりません。我々は気永に辛抱して待たなければならないのであります[93]」。外務省では、女性は政治意識が低いから、まず政治教育をしてからでないと参政権が渡せないといっていたのが、むしろ参政権を与えて政治教育を進めるべきであるという主張に変化する。「政治教育なき婦人参政権付与反対」から「婦人参政権付与による政治教育を」への変質である。こういう転換ができるのであるから、この後に、宮沢が、「女子の政治教育の手段としての参政権付与に賛成」から、「女子の参政権付与に賛成」に変化し、ついに、「男女平等思想は当然に女子の参政権を求める」に達するのも時間の問題であった。

この時期の宮沢は、幣原内閣の松本烝治憲法改正問題担当大臣によって起用され、憲法問題調査委員会（松本委員会）の仕事に取り組むが、その中でも微妙に立場をずらしてゆく。宮沢は、当初は、小幅改正論者であったが、松本の意向が積極的な改正にあることがわかると、小幅改正案と大幅改正案の二編を並列させて報告するという器用な方針を認め、宮沢個人としては、大幅改正論者に転向して、いわゆる宮沢案（甲案）を作った。ところが、審議の最終段階で、松本が、いわゆる松本案を突然提案すると、従来の自分の甲案を捨てて、松本案を甲案にして報告する体制を整えた。

このように、政府の松本委員会では、大番頭のような立場にあって、松本に忠実に常に議論をリードしていた宮沢であるが、一九四六年二月にGHQから革命的な全面改正案が提示されると、いち早く「平和国家」「八・一五革命説」「基本的人権の尊重」を唱えてこれを支持して、日本は、国民主権のもと、日本国民が憲法改正を自ら行って作った共和制の国であると主張するようになった。敗戦から半年、宮沢の立場の変化には、理論的に一貫した理解が難しい。皮肉な言い方をやめて直截にいえば、あまりにも状況追随的に過ぎるのである。

他方で、京都大学法学部の佐々木惣一らは、戦前期の憲法学をもとに、敗戦直後に、かつての京大卒業生である近衛文麿元首相による憲法改正作業を補佐し、近衛その人が占領軍に見捨てられて戦犯指定されて逮捕されそうになって自殺したために、改憲作業が挫折した。そのために、京大法学部系の憲法学者はその後の改憲作業、日本国憲法制定の過程から脱落した。皮肉にも、そのために、彼らは、GHQの強引な介入によってまったく別個の憲法草案が押し付けられたときに、そういう権力者の意向に迎合して旧来の自分の憲法理論を弊履のごとくに捨て去ることもなかった。また、大石義雄の場合は、滝川事件にかかわって京大を離れ、和歌山高等商業学校、大阪府立淀川高等工業学校で、いわば配所の月を見ながら研究を重ね、戦時中にもいくつかの興味深い論文、著書を重ねていたが、敗戦後もそういう立場を崩すことなく、結局、日本国憲法に批判的で、その改正を主張する右翼的な学派の中心となった。

憲法学者にとって、実定憲法典が根本から変更されたときにそれをどう受け止め、どう身を処するのかは、研究生活において、常に考えておかなければならない職業倫理のポイントである。だが、日本の憲法学は、かつてそういう経験をしたことがなかった。そういう革命に対する理論的な準備も、人間的な心構えもできていなかった。『戦陣訓』で「生きて虜囚の辱めを受けず」と教育されていた旧日本軍の兵士や将校は、必死の戦闘をした後にアメリカ軍の捕虜になると、態度が一変して権力者に追随的で、軍の秘密でも何でもしゃべってしまったが、大日本帝国憲法から日本国憲法に変わったときの憲法学者も似たようなもので、態度を一変させて新しい権力者に追随的であった。

ただ、何人かの学者は現実に対応できないで時代に取り残された。そういう学者の中には、日本国憲法の制定から二十年経過しても、授業のはじめに皇居の方角を向いて遥拝し、やおら、日本国憲法は占領軍の押し付けによる違憲無効な憲法であるのでこれを論じるべきではないといって、なお有効であるべき大日本帝国憲法の解釈の授業をしていたというものすごい例もある。押し付け憲法論を唱えて日本国憲法の改正を主張した研究者のなかに何人かの古くからの憲法学者がいたのは理由のないことではない。

(2) 東大法学部スタッフと「憲法普及会」の関係

多くの憲法学者は、日本国憲法の使徒に転向した。それを促したのが、全国各地のマスメディアであり、「憲法普及会」の活動であった。

各地の新聞は、競って新憲法の解説を求めたが、それに応じて、多くの憲法学者がまず短いコメントを述べ、次の依頼では簡単な客観的な解説を書き、そのうち、徐々に日本国憲法の説明に力が入り、それが条文解釈に進展して長い論文を紙上で連載するようにし、ついに、それがパンフレットになって世に出回る、と言うのが標準的な転向のコースであった。

これをさらに促進したのが、「憲法普及会」という官製の新憲法普及啓発の団体であった。これは、占領軍の全面的な支援を得て帝国議会内に設置された、政府の作った大きな団体で、何しろ、物資不足の中で、『新しい憲法』というパンフレットを全国、全戸に配布するということで、二千万部発行した実績もあるくらいである。この団体は、憲法の普及のためには、それこそ何でもありで、解説書の作成、普及啓発の講演会の開催から、映画、演劇、ラジオ放送、「憲法音頭」とその踊りの普及、紙芝居、「新憲法カルタ」の制作まで、さまざまな活動が行われた(94)。

この会では、なんといっても新憲法普及の講演会が中心であったが、そこに、東京大学法学部の教授たちを中心に、多くの法律学者が招聘され、ほとんどの者が喜んでかかわっていった。インフレと物資不足の生活の中で、そういう困難に対抗する十分な資産も手段もない研究者にとって、この普及啓発活動に参加することは、「隣もがしている、生き抜く知恵」であって、たいした抵抗感もなかったであろう。だが、憲法普及会の講演会に出席していれば、日本国憲法に対する支持の熱意も徐々に上がっていくのであって、いつしか、それを賞賛してやまない普及の使徒にもなっていくというのが人間の性(さが)である。

GHQの支持のもとで新憲法の普及に当たった憲法学者、行政法学者、国際法学者として名前を挙げるならば、まず、横田喜三郎になる。横田は、戦前から反軍的な言動が著しく、東京大学の授業でも、烈しい言動が多かった人であるから、敗戦後は、GHQと親しく交わり、占領軍の発する指令や、それを受けて日本側が作る新法令を収録して解説した『日本管理法令研究』という半月刊の雑誌を指導し、あるいは、この憲法普及会でも、常任理事となって学者の組織化をはかった。そのもとで、グループをなしていたのが、憲法の宮沢俊義、行政法の田中二郎、商法の石井照久、国際法の高野雄一などであった。民法の我妻栄も熱心であった。そして、東大の外部からそれに熱心に協力したのが、憲法の鈴木安蔵、民法の末川博などである。

憲法普及会は、一九四六年一二月に発足し、翌四七年二月に、内閣・各省・警視庁・東京都庁職員を相手にした「憲法普及特別講習会」を開催することから活動を開始した。この講習会の会場は東京大学の三一番教室であり、講師は、「近代政治思想」堀真琴、「新憲法大観」憲法担当大臣・金森徳次郎、「戦争放棄論」横田喜三郎、「基本人権」鈴木安蔵、「国会・内閣」宮沢俊義、「司法地方自治」田中二郎、「家族制度、婦人」我妻栄、「財政」森戸辰男である。この場には、東大生に限って聴講が許された。

これは皮肉な講習会である。市民啓発を表面に掲げながら、実際には市民よりも先に官僚に対して新憲法の情報を取得させるのである。ここで学んだ官僚たちが、いち早く、自己に都合のよい憲法解釈を固めるとともに、既習者という圧倒的に有利な立場に立って、未修得者である市民を啓発することになる。そして、ここで講師として並んだ東大法学部系の教授は、新体制の権威ある解説者として認められて、その憲法解釈はその後も重んじられ、学界における有力者、通説的見解への道が開かれる。東京大学の学生だけが傍聴を許されることで、日本中の学生の中で、東大生だけが新しい内容の授業をいち早く受けたのと同じこととなる。これが、公務員試験や司法試験などでどれほどのアドバンテージになるかはいうまでもない。

結局のところ、このとき、東大法学部は、戦後の日本を指導する法学の府という立場を手に入れたのであり、宮沢は憲法学のチャンピオンへの階段を登ったのである。私は、私にとっても恩師に当たるこのような教授たちの善意も能力も疑うことはない。教授たちが、その後、いかに誠実に憲法学の研究に励んだかもよく目撃している。だが、客観的にみれば、このとき、官僚的な戦後の憲法学の基本的な骨格が形成されてしまったことは否定のしようもない。

この「憲法普及特別講習会」に比べれば、全国各地で展開した「憲法普及中央講習会」は迫力が不足するが、紹介しておこう。これは、大体、五日間程度の合宿として行われた集中的な講習会であり、各地の地方議会人、教育者、官公吏、報道関係者、法曹団体、青年婦人団体、社会教育団体、労働団体、産業経済団体などから三、四〇名を選んで講習を受講させ、彼らがその後、その地の憲法普及の指導者、講師、世話役となったのである。新憲法の普及という点からすると、全国で二〇〇〇名以上に達した指導者養成の意義は大きい。

こういう指導者養成講習会の講師として登用されたのは、北陸に市村今朝蔵（日本女子大）、有泉亨（東大）、気賀健三（慶大）、時子山常三郎（早大）、東北に堀真琴（東大）、鈴木安蔵（憲法普及会理事）、中川善之助（東北大）、横田喜三郎（東大）、九州に佐々弘雄（九大）、河村又介（九大）、菊池勇夫（九大）、舟橋諄一（九大）、関東に堀真琴（東大）、横田喜三郎（東大）、宮沢俊義（東大）、鵜飼信成（東大）、鈴木安蔵（憲法普及会理事）、我妻栄（東大）、四国に河村又介（九大）、有泉亨（東大）、田中二郎（東大）、石井照久（東大）、滝川幸辰（京大）、中国に河村又介（九大）、石井照久（東大）、有泉亨（東大）、田中二郎（東大）、関西に堀真琴（東大）、恒藤恭（大阪商大）、滝川幸辰（京大）、末川博（立命館）、汐見三郎（京大）、東海に尾高朝雄（東大）、横田喜三郎（東大）、鵜飼信成（東大）、於保不二雄（京大）、大河内一男（東大）、北海道に大西邦敏（早大）、鈴木安蔵（憲法普及会理事）、鵜飼信成（東大教授）、杉之原舜一（法大）である。圧倒的に東大卒業生、東大関係者が多いことが分かる。私学出身の私学の教授はごくわずか、散見されるだけである。

こういうことをすれば、次に各地の憲法普及会支部、各団体が憲法を勉強しようというときに、誰を講師に呼ぶかも明らかである。憲法普及会埼玉県支部、神奈川県支部、山形県支部、宗教連盟、家の光協会は横田喜三郎を、栃木県支部、茨城県支部、静岡県支部、横須賀市は宮沢俊義を、山梨県支部、新潟県支部は尾高朝雄を、静岡県支部、都市計画協会、智山派教務所は田中二郎を、新宿区役所は堀真琴を、江戸川区役所は有泉亨を呼んでいる。また、初等中等教育の社会科教師に教える憲法普及夏季大学講座でも、北海道地区は北大、東北地区は東北大、関東地方、中部地方、四国地方は東大、中部地方、近畿地方、中国地方は京大、九州地方は九大が担当し、関東地区、中部地区、四国地区の各都県には、横田喜三郎、宮沢俊義、田中二郎、我妻栄、尾高朝雄、有泉亨、鵜飼信成、鈴木竹雄、兼子一、堀豊彦、川島武宜という東大教授のほかに、さらに、当時は特別研究生に過ぎなかった若輩の加藤一郎、石川吉右衛門までが、他の大学の多数の教授をさしおいて講師として派遣されている。

憲法普及会は、さらに、先に紹介した東大安田講堂での「憲法普及特別講習会」での講演の内容を活字化し、『新憲法講話』(95)として刊行した。『新憲法大系』(96)全一二巻も編集し、国立書院から刊行した。その内容は、『新憲法の基本原理』(東大名誉教授　美濃部達吉)、『新憲法と民主主義』(東大卒、九大教授　河村又介)、『国民主権と天皇制』(東大教授　尾高朝雄)、『戦争の放棄』(東大教授　横田喜三郎)、『新憲法と基本的人権』(東大教授　我妻栄)、『新憲法と文化』(東大名誉教授　田中耕太郎)、『新憲法と家族制度』(東大卒、東北大教授　中川善之助)、『新憲法と労働』(東大教授　石井照久)、『新憲法と国会』(東大教授　宮沢俊義)、『新憲法と内閣』(東大卒、慶大教授　浅井清)、『新憲法と司法、新憲法と人身の自由』(東大教授　兼子一、東北大教授木村亀二)、『新憲法と財政、新憲法と地方自治』(東大卒、東北大教授　清宮四郎、東大教授　田中二郎)、『新憲法関係法規集』(東大教授　田中二郎、東大教授　宮沢俊義共編)である。さらに、美濃部達吉『新憲法概論』(97)、時事通信社編『日本国憲法』(98)、田中二郎、石井照久、有泉亨、河村又介講演記録『新憲法抄』等も買い上げて配布した。これらは巷に溢れ、「東大系の先生が新憲法を解説する」という基調ができた。憲法普及会は、会の設立の趣旨書の中で、その活動の筆頭に、「新憲法の権威ある解説書」の発行を掲げていたが(99)、全社会的な物質的窮乏の中で、これほど力を込めて活動すれば、そのことがすなわち権威の源泉になる。憲法普及会の活動は失敗のしようがない独走体制のものであった。

(3) 「男女平等」の理解と東大憲法学の体質

こうした、とうとうとした官製の憲法普及の流れと、その中に飲み込まれて、体制批判の牙を抜かれて普及の使徒となっていった東大法学部系の憲法学者の思想的な問題性は、あまりにも明らかである。ここで、一例として「男女平等」について触れておこう。

「男女同権」は、マスコミでは、日本国憲法の中でも特に歓迎された条文のひとつであり、制定当時の新聞では、しばしば、「新憲法の三大原則」の一つとまで言われていた。当然に、憲法普及の使徒となった東大教授たちも、そのことは十分にわきまえていなければならなかった。

しかし、全国各地で、その地域の憲法普及のリーダーを養成しようとして国が費用を持って受講生を呼び集めて行った講習会に、女性がどの程度に参加したのかというと、北陸は一六九名中の一四名、東北は二八二名中の二一名、九州は二一一名中の二一名、関東は三八一名中の八名、四国は二五一名中の一三名、中国は一五一名中の四名、関西は二三三名中の二〇名、東海は一四五名中の一四名、北海道は二六四名中の一三名で、合計すれば二〇八七名中の一二八名、比率で言えば七%弱に過ぎない。そして、この男性の偏重に注意を喚起したり、苦情を申し立てた講師の記録はない。憲法の普及における女性への期待がこの程度であったのだといえる。

官僚と東大法学部の教授がしそうなことだが、もともと、この憲法普及会は、役員、講演会の講師、普及啓発書の著者などが、漏れなく男性である。当時とて、女性の研究者がいなかったわけではない。女性運動の活動家で、弁も立つし、文章も早い女性がいなかったのではない。国会議員の役員に、女性の議員を加えることも可能であった。だが、女性は、解放されるべき「対象」であり、レベルが低いとされたからであろうか、指導的な立場には就かせられていない。

この際、当時、男女同権がどのようなものとして考えられていたのか、憲法普及会が制作した、これを主題とする映画の梗概で見てみよう。全国民に男女同権を啓発しようとする映画『情炎』の筋書きは次のようなものであった(100)。これを、水戸光子、佐野周二が熱演し、貸し出しが引っ張りだこであったと報告されているが、その内容は、驚くより仕方がない。

「若くして夢多き野々村浩介は、新婚後間もなく応召し、敗戦後帰還したが、千葉県の自家に置いて行つた妻のひろ子が、三年間にすつかり魅力のない存在と化しているのに痛く幻滅を感じた。もともとこの二人は恋愛から親の反対を押し切つて結婚したので、近頃の浩介の気持に感ずいた両親は浩介に離縁をすすめた。浩介は親の申出を奇貨おくべしとし、ひろ子を尾ノ道の実家に置き去りにするべく親と結托してひろ子には帰還挨拶のためと欺いて、長途の旅に上つたのである。

二人は先ず東京で土産物を調えその夜は東京の叔父の家に一泊して、翌日愈々広島行の列車に乗り込んだのであるが、その間にひろ子はふとした事から自分を捨てようとする浩介の真意を識り絶望と悲歎にくれた。

併し、ひろ子は元来聡明で明朗闊達な女性だつたのである。それが浩介の応召後三年間、旧弊で厳格な家族制度の中に身を投じ気むずかしい姑の機嫌に心を痛めつつ『嫁』として健気にもつつましく生き抜いて来て、ひたすら『家』と良人の中にのみ生きようとした嫁生活が、実に彼女を因循にし臆病にし、魅力を喪失させたのであつた。

さて、浩介の腹のうちを識つて一時は途方に暮れたひろ子も、併しだんだん気持が落着くにつれ、浩介及び両親のあまりにも身勝手な態度に反発を感じた。そして『私だつて一人の人間だ。野々村家を追われようと、浩介に捨てられようと、一個の女性として立派に生き抜いて見せる』という持ち前の敗けじ魂が頭をもたげた。と同時に彼女の面上には、若かりし頃のあの溌溂たる魅力がよみがえり、そして、それを見た浩介はひろ子を見直し、未練気をおぼえ始めた。

斯うして西への旅は続いて行つた。そして列車が姫路に近ずく頃浩介は車中で急病にかかつて二人は途中下車し、宿に泊つた。ひろ子のかいがいしい看護によつて浩介はすぐに元気を恢復する事が出来た。ひろ子は浩介が癒つたのを見ると此処で、浩介とはつきり別れて一人尾ノ道の実家へ帰つた。

真相を識らないひろ子の祖父は彼女の久しぶりの帰郷を非常に喜んだ。母はこの事件を心痛し、ひろ子に浩介との和解をすすめた。姉も義兄も同じ意見だつた。併し浩介と別れる事を固く決意しているひろ子はなかなか肯んぜず、友達の絹子の意見に従つて職に就こうとしていた。

恰度斯うした時、浩介が彼女の後を追つて此の街へ来た――しかし、ひろ子は頑として浩介と逢おうとはしなかつた。だが、浩介は泣きながら飛び出したひろ子を追つて海岸の断崖までくる。ひろ子は死ぬ決心だつたかも知れない。その張りつめた美しい横顔に、切々として自己の愛情をうつたえかける浩介の真情にひろ子は初めて男の心と、女の心の本当の結びつきを感じたのであつた。」

いかがであろうか。主婦ずれして女性としての魅力が薄れた妻を捨てようとしたが、自立を決意した彼女が美しくなったので惚れ直して、捨てるのをやめてまた口説いた。妻は、せっかく尾ノ道で働こうとしていたのに、それを捨ててまた千葉の夫の実家に行き、専業主婦と嫁の立場に戻る。これが日本国憲法の言う「男女同権」だというのだから、今日の憲法学の水準から見れば別世界のこととしかいいようがない。憲法普及会がこういう認識では、新憲法の普及指導者に女性がいなくても当たり前であろう。

(4) 時流におもねる憲法学への批判

もちろん、このように体制内化して普及啓発の使徒となった憲法学者を快く思っていない人々もいた。

矢部貞治は、日記の中で、こうした同僚たちを「横田喜三郎一味」と唾棄している。『矢部貞治日記』の一九四五年一一月四日の箇所には、GHQ指令の「軍国主義者、極端な国家主義者、占領軍の目標に反対の者を教育界から追放せよ」に関して自分の進退について法学部長南原繁に相談した時のことが記録されている。本書では、すでに一〇四頁でこのことにふれているので重複になるが、改めて書いておきたい。矢部によれば、南原は、GHQ指令が出てから、東大法学部研究室の横田喜三郎の部屋に「法学部の若い連中」である鈴木竹雄、田中二郎、石井照久が集まって、「積極的に我々も何とかしなければならぬ」と相談したこと、そこでは、国際法の安井郁の進退が問題になったが、矢部貞治、小野清一郎も、大東亜共栄圏という思想が結局戦争を奨励したという理由で問題になっていたこと、しかし、東大法学部の大部分の教授も文部省も、そんなことは問題にならないという態度であることを伝えた。南原からはさらに「高木八尺教授は断じてそんなことは問題にさせぬと言って、横田一味の策謀を憤慨してゐられる」、「この一味とはあくまで戦はねばならぬ。大学と国家を毒することこれらの罪こそ大だ」、「そしてこれは国家のためだから自分も最後まで戦ふつもりだから君も主観的な潔癖に陥らず頑張って貰ひたい」と言われて感激したとも書いている。続いて矢部自身は、「横田一味」について、「狭量醜悪の淫売婦的根性が横田を中心として二三の連中に巣喰ってゐる。自ら抗争を刺戟して国家を亡ぼさんとする」と非難している。(101)

ここで激しく非難されているが、横田喜三郎自身は、これまで何回も触れてきたように、固い信念の持ち主で、戦時中も軍部の風圧に抗して、満州事変や真珠湾攻撃を違法であると大学の授業で主張するなど、厳しく闘っていたのだから立派である。だが、所属する教授会の許可も得て正式に海軍省の顧問となって、アメリカ軍による日本本土攻撃時の軍政のあり方を準備していた田中二郎や、軍部の権力の下で、「国家非常体制法研究」委員会委員長とし、有斐閣『戦時法叢書』編集主任のポジションにあった末川博とコンビを組んでいた宮沢などは、この事実が明らかになれば立派に公職追放の該当者である。そうした彼らが、同僚を公職追放、東大教授辞職に追い込むために、戦争中の言動についての資料提供などで「積極的に何とか」していたり、GHQ権力の下で憲法普及会の仕事にこれほど深くかかわるのを見れば、矢部ならずとも奇異の観は捨てることができないであろう。

日本では、戦争中に戦争礼賛の声が大きかった人間が、戦後も声を大きく日本国憲法を礼賛している。昭和一八年に英米のスパイへの警戒心を高めようと『防諜音頭』を作った、作詞サトウ・ハチロー、作曲中山晋平、独唱市丸姐さん、という三人組が、日本国憲法の制定時に、憲法普及会の企画として『憲法音頭』を作った。[102] このレコードのジャケットに「作詞サトウ・ハチロー、作曲中山晋平、独唱市丸」とあるのを読むとき、この人たちの、やる気といったらいいのか、滅私奉公精神といったらいいのか、ストレートに時流におもねる心根といったらいいのか、そのパワーにはほとんど感銘してしまう。そして、多くの憲法学者は、市丸姐さんらと似たようなレベルだ。

戦争中に軍国主義の礼賛で勇ましかった漫画家の近藤日出蔵や那須良輔らは、戦後になると、政治漫画での、平和主義からの日本国憲法の礼賛と吉田茂首相批判で勇ましく、喝采を得ていた。官僚にも政治家にもこういうタイプの者は多い。ほかならぬ天皇自身が、軍国の象徴から、平和と学問文化の象徴へといつの間にか立場を変えていた。第二次大戦後の日本では、指導者の入れ替えはなく、同じ指導者が思想を入れ替えてそのポストに居直ったのである。天皇も、官僚もそうであった。法律学者も、そういう世の中の空気に従っただけの話しといえば不思議ではないが、やはり、率直なところ、奇異の念はぬぐえないのである。

しかし、当時すでにそういう憲法学者の行動に奇異の念をもった同時代人の中に、中村がいることは救いである。中村は、こうした官製の運動に巻き込まれていく憲法学者に対して冷ややかであった。中村は、まさしく自分個人の問題として、戦前期の研究業績を点検して、そこから脱皮する思想的な苦闘を経験した人であるから、そこをあいまいにしたままで、社会の大勢に順応していく学界の傾向をこころよしとはしていなかった。

中村はこのように述べている。「しかるに之らの人々によつて憲法普及会なるものが構成されている現状であつて、それらの人々は自己に忠実であるかぎり偽装的絶対主義を説こうとするものであるにちがいないし、また仮りにそうでないとしたならば、新憲法成立の瞬間にこれまでの自説を放棄し、新憲法の侍女となつたものに他ならない。一度び法が上より与えられるならば、これを矛盾なく解釈することが法学であるかの如く考えられている学界の現状は、法学を官僚学たらしめ、学の殿堂を法制局の下級官庁たらしめるものに他ならない(103)」。

こういう考えの中村であったから、大宅がいうように、それまでのお上品な憲法学者には見られない激しい言葉で、新憲法の非民主性を指摘した。また、中村は、戦後期の社会で、さまざまな運動、特に、青年文化会議や民主主義科学者協会などの、政治的、社会的な運動とも深くかかわった。当時の運動の中では、日本国憲法草案に対する民科の研究と批判的な提言は特に注目されるが、中村は、その動きの中心でもあった。憲法学者らしからぬ左翼憲法学者、それがこの時期の中村の姿である。

5　日本国憲法の生誕、中村の視点と功績

(1)　国民主権の明確化

体制批判的な中村は、「解釈の動かない、明確な憲法」にしたいという希望をもち、国民主権主義の確立と、官僚支配の脱却という二大テーマを一貫して追求していた。中村は、大日本帝国憲法の末路を良く知る憲法学者であった。その中村から見ると、「明治憲法には不明瞭な点が多いために、解釈が極端にいえば、どうにでも動き、それが学問的に解決されてゆくというのではなく、政治権力によつて処理されてしまうということであつた。美濃部博士の憲法論は学問的には、すでに大正年間に穂積・上杉流の超国家主義的な憲法論を克服していたにもかかわらず、政治権力によつて昭和の時代になつて迫害を受けたのである」。そこで、中村は、「新憲法はなによりも解釈の動かない、明確な憲法でなければならない[104]」と主張した。

このように考える中村哲が、目の前で急展開する憲法改正作業において最も気にしたのは、この憲法が国民主権の立場に立つものであることの明確化であった。中村はそれを一貫して求め続けていたが、とくに憲法第一条の用語の問題については発言が鋭かった。

日本の政府は、GHQから提示された草案に、前文中に二ヵ所、第一条に一ヵ所、sovereigntyという語が使用され、①前文に、the sovereignty of the people's will、②同じく前文に、all peoples who would sustain their own sovereignty、③第一条に、sovereign will of the peopleとあるところを、当初はいずれも主権と翻訳していたのに、それでは国民主権主義が明確になりすぎて天皇主権の国体が維持されていないことがあらわになりすぎることから、①については「国民の総意が至高であること」、②については「自国の主権を維持し」、③については「国民の至高の総意」と改訳し、帝国議会での憲法草案審議に際しては、「君民同治」を唱えて、ここにいう国民には天皇も含まれるという解釈を行った。中村は、このあいまいさをとくに嫌って、sovereigntyという概念の内容を根気よく説明するとともに、憲法の文言として、国民主権という言葉を採用することを激しく迫った。GHQに向かっても直接に英文の意見を提出して、注意を喚起している。

中村の努力も強く影響して、この点は議会でも論争となったが、最終的にはGHQが介入して、国民主権原理であることを明確にする方向で日本語案文の訂正がなされ、いわば中村理論の勝利のうちに終了した。今日、日本国憲法に、「ここに主権が国民に存することを宣言し」（前文）、「主権の存する日本国民の総意に基づく」（第一条）という明快な表現があるのは、中村の貢献によるところが大きい。

なお、中村は、この経過の中で、主権論研究の憲法学者としては第一人者という定評を得た。この関係の仕事も良くこなし、一九五二年には、名著『主権』[105]を著して、同書は、このテーマに関する憲法学界の代表的な著作となって広く読まれるようになった。中村哲『主権』といえば、私たちの世代の憲法研究者は、それを読みふけった懐かしい思い出のある文献である。

(2)　官僚支配の批判、官僚法学の批判

次に中村が問題にしたのが、官僚支配の問題であった。そもそも中村の仕事は、プロイセンの官僚国家を支えたドイツ国法学の国家法人説、国家主権論批判から始まったものであるし、戦時中にも戦後にも、多くの官僚を観察する機会があったのであるから、近代国家における官僚システムの必要性と、その弊害も熟知していたし、特殊日本の官僚制の病弊にも明るかった。

そうであればこそ、中村の憲法理論には、常に、反官僚支配の思想が底流として流れている。中村の著作『知識階級の政治的立場』[106]に収めた「日本官僚論」と「官僚制国家」の二編の論文は、この時期に憲法学者が語った官僚制批判としては秀逸である。中村には、さらに、蠟山政道、鈴木安蔵、吉村正、杉村章三郎らとの共著『官吏制度の研究』[107]や、東洋文化研究会議の討論をまとめた『東洋の家

と官僚』[108]という業績もある。

この時期に、官僚制批判は、日本の憲法学者がまったくといっていいほどに取り組むことのできなかった問題であった。これも当時のエピソードになるが、中村は、日本国憲法の審議の時期に、東京新聞紙上で、宮沢俊義、風早八十二と鼎談を行った。その中で、中村は、日本国憲法の問題点として、官僚支配の継続になる危険性を説いているが、宮沢はこの論点になんら反応することなく、別の話題に転換してしまう。両者の憲法論の違いが見える瞬間である。

振り返って考えれば、戦後にGHQが推し進めた、軍国主義の一掃と日本の民主化の施策の中に、天皇に任命された官僚の戦争責任の追及と公職追放がなかったことは、不思議なことである。憲法改正が問題になっていた一九四六年当時に、この問題意識を持ったGHQ関係者がいなかったわけではない。たとえば民政局のエスマンは、公務員制度の改革なしには占領目的の達成は困難であると主張していた。しかし、アメリカ本国での関心の低さや、間接統治方式での官僚機構の利用という事情もあって、既成の官僚組織の改革作業抜きに公務員制度を採用したし、憲法典でも、わずかに二ヵ所に公務員制度に言及があるものの、それは、官僚のコントロールという観点からのものではなかった。結局、戦前の「天皇陛下の官吏」が「国民の公僕」と看板を架け替えただけでそっくりそのままに残り、戦後社会の官僚支配の基礎が作られた点については、日本側においては天川晃の研究[109]が、また、アメリカ側においてはT・J・ペンペルの研究[110]が指摘しているところである。官僚は、巧妙に立ち回ったといえよう。

日本国憲法は、官僚制度に代えて、公務員制度を導入した。そこでは、公務員は、国民に採用され、「全体の奉仕者」として執務する存在となることが求められていたが、その実態としては、戦前の天皇制官僚国家を残そうとする力が大きく作用していて、官僚の支配は揺るがなかった。日本国憲法への転換も、国民主権の確立ではなく、君民共治の徹底として語られる傾向が強かった。官僚たちは、戦前期の天皇の官吏という意識を払拭していないだけでなく、日本の法制度、行政システム自体が、そういう古い官僚制の原理に立脚したままなのである。憲法は改正されたといっても、国民主権と民主主義が上から降ってきた状態であり、制度の変革はあっても、社会的な実態の変革はまだ行われていない。

その状況は、ドイツ皇帝は去ったが官僚は残った第一次大戦後のドイツに似ている。ワイマール憲法第一三〇第一項の「官吏は全体の使用人にして一党の使用人に非ず」という規定が空文化していたように、日本国憲法は、公務員が全体の奉仕者にならなければならないという法の精神を外れて、あたかも公務員がすでに公僕になっているかのような錯覚を人々に抱かせる。中村はここで、ワイマール憲法のこの規定が、かえって旧来の官僚国家の伝統を温存させたというカール・シュミットの言葉を引用して、制度改革抜きの「全体の奉仕者」規定の導入に警鐘を鳴らしている[11]。

中村は一貫してプロイセン官僚制国家を問題にしてきた。それをまねた日本の天皇制官僚国家が第二次大戦の敗戦後も残存し、官僚は、階級超越的な全体の利益を実現すると称して、既成の勢力による人民の支配に手を貸し、自己の権益の確保に走っている。そして、こういう関係の法的な表現物が、国家主権説であり、国家法人説である。日本国憲法の条文では国民主権主義であることが確認されたが、官僚たちは、国民主権説の下での国家法人説、国家主権説を展開して自己の支配権力を手放そうとしない。そこに、中村の国家法人説批判、国家主権論批判が、日本国憲法制定後でもなお有効な批判の視点たりえた現実性があった。

この時期、中村の批判は鋭い。「官僚制国家の機構を国家共同態の概念を以て紛飾したヘーゲル的思惟は、ドイツ絶対主義を裏付けるものとして役立つたのであり、このようなヘーゲル的国家観は、明治憲法の絶対主義を説明する思想的根拠となつたのである。官僚の憲法論となつた穂積八束、上杉慎吉の憲法論はそれであり、表現は異るが筧克彦の憲法論も、その骨格は、ヘーゲル理論の安価な移入の上に、日本的表現をほどこしたものだつたのである。このような国家理論が通用したのは、その根底において、現実の日本の国法の秩序が、それに適合するように作り上げられているからであつて、国家なるものが国民から超越した第三者として法上の主体となる仕組みが作られていたのであつた。」したがって、「国家がその実体において決して、不偏不党な存在ではなく、国民とは対立し、抗争するものであることを明確にする必要がある。それとともに、国家権力の手足となつている官僚は、決して国民の間の利益的な対立から超然とした存在ではなく地主的、資本家的勢力の手足であることを暴露する必要がある。その意味では国家法人説の迷妄を正し、そのイデオロギー的構造を国民の前に暴露しなくてはならない[112]」。

そして、中村の批判は、官僚制的な法学教育にも及んでいく。「官僚的イデオロギーはなにも官庁において初めて作られるものではなく、大学の法学教育の中で形成される部分が多く、官僚制の批判は法学教育の批判に向けられねばならない。わが国の法学教育を貫いているプロシァ絶対主義のドイツ法思想はいたずらに繁雑な概念構成を必要とし、そのためにとくに法学専門家という特別な人種を生み出すことになつている。法学とは世間でよく言われるように常識の学であるには違いないが、法学独特の概念構成を習得しなければならない。そして、この独自の用語をふり廻して、民間のものを上から抑えつけ、権威ぶるのであつた[113]」。明治以来、東京大学法学部は、「官吏の養成所である一面をもつ行政的な機関」であり、そこで教えられる法律学は「ドイツ法の煩瑣法学であり、それを通じて法科大学卒業生を独占的な技術家たらしめんとした[114]」のである。こうした長年の伝統をもつ東大のような官学において大学の自由が主張されているのは、日本の民主化の過渡的な現象であって、真の学問の自由は、私学においてこそ実現される。「真の学問の自由は私学の復興にあると信ずる[115]」。中村の主張は、中村自身が法政大学に踏みとどまることで、いっそうの輝きを増している。

(3) 議会政治の観察

このように考える中村は、憲法が定まり、焦点が付属法典の改定に移るにつれて、日本国憲法に盛り込まれた理想を、特に官僚や保守的な政治勢力による骨抜き、捻じ曲げに対抗して実現していくには、憲法付属法をどう構成するのかが大事だと主張するようになった。中村は、日本国憲法が公布され、付属法の審議が行われていた一九四七年の一月に、「実質的いみの憲法は、たんに日本国憲法という一個の法典に限られるのではなく、国の根本組織とその作用を定めた付属法の体系の全体をいうもので、その中には内閣法も入れれば、請願法も入り、各種の選挙法も含まれる。だから実質的いみの憲法の制定は、日本国憲法の制定で終ったのではなく、いまなお続行されつつある[116]」と述べている。ここできちんとした憲法体制をつくるためには、民主主義勢力の力が必要であると、中村は考え、戦後のにわか作りの民主主義運動が馬脚を現すのを歯がゆい思いで見ていた。

中村は、現実政治の中での憲法原理の実現にも大きな関心を持っていた。その立場から、国会の傍聴にもよく行ったし、各会期の議会の活動を観察し、ドキュメンタリー的な報告を、『世界』のような総合雑誌や、『法律時報』のような法律系の雑誌で著していた。後に、これらの中から、『国会[117]』という著作が作られた。ここでも中村は、官僚が憲法原理の実現を如何に歪曲していくのか、そこにひとつの焦点を集めて現実を批評している。さらに、中村の関心は現代政治の広い領域に及び、『現代政治の基礎知識[118]』、『政治学概説[119]』、『政治への不信[120]』、『政治史[121]』なども出版されている。

このようなダイナミックな観察と分析を得意とする中村哲であったが、日本国憲法の解説書、解釈書がないのではない。中村は、市民向けの啓発書として、アテネ文庫版の『憲法入門』[122]を書き、これは幾度も版を重ねた。『憲法案内』[123]もある。また、中村は子ども向けの憲法の解説も幾つか書いている。「新百科」シリーズ『政治と憲法の話』[124]は、この方面での中村の代表的な著作である。

6　後期中村憲法学の論点

(1)　国法学研究の再開と『国法学の史的研究』

中村の偉いところは、激動する戦後社会で、運動と実践の渦中にいたにもかかわらず、他方で、自分の研究、自分の業績について静かに自己点検を進めて、戦後特に自由になったマルクシズムへの研究を組み込んで、自身の国法学理論を整理したことである。早くも一九四五年に、友人の丸山真男がいた東大法学部研究室の第二共同研究室にもぐり込んで、戦前期の自分が行ってきた国法学研究を戦後期の憲法の学界で立て直すという、きわめて誠実で、困難な課題に取り組んでいる。

中村は、戦前も、与えられた場の中で最大限に自由に振る舞い、自己の信じるところを書き連ねてきていたので、敗戦に伴う価値観の転換に呼応した自己点検の作業は、比較的に順調であったと思うが、それでも、大きな勇気と多くのエネルギーを必要とする作業である。

中村は、この時期に、いくつかの、国法学的な論文を書き、真剣な研究の成果を、一九四九年に日本評論社から出版した『国法学の史的研究』で見事に結実させている。この書の第一部は、国法学史に関する論文を、戦前のものを二編、戦後に新たに書かれたものを二編含んでいる。戦前の論文については、戦後に加筆されている。第二部は、恩赦権、請願権に関する法制史的な研究であり、第三部は、シュタールに関する助手論文の十数年ぶりの再録であった。私は、この『国法学の史的研究』は、前期中村国法学の代表的な著作であるとともに、憲法学者の内省のあるべき姿を示して、この時代に特に輝く業績であると思う。であるから、これを得たことは、中村哲個人の業績というにとどまらず、憲法学界全体にとってのひとつの救済でもあると思っている。

『国法学の史的研究』の出版は、一九四九年という時期には、僥倖であった。このような、戦前期の憲法学の論文を主たる内容とする著作が戦後の混乱する社会で出版できたということが他にほとんど例のない壮挙である。中村以外にこのようなことができた憲法研究者を知らない。別の言い方をすれば、戦後の日本社会で、再び国家法人説がはびこり、官僚による指導、支配が再建されつつある中では、中村の官僚国家批判にはそれなりの意味があったのである。

本書の出版企画は、当時、学生書房編集部にいた広中俊雄の熱心な働きかけで始まったが、途中から同社では作業が進捗できなくなって、日本評論社に移して出版にこぎつけた、という経緯がある。出版社の編集者や経営者が、中村の憲法理論に感じるところがあって、出版経営的には冒険であったこの企画をあえて進めた気持ちも分かるように思える。

私たち、一九六〇年代に研究生生活を送った者は、主として独仏の憲法学者の中から誰かを選び出し、その者を中心にして憲法学説史を丹念にフォローすることを当然のことと考えていた。多くの先輩がそうして若き日の学問的な基礎を形成していたという先例が、私たちを励ましもしたし、ハードルとしても重圧になっていた。そうした中で、中村の『国法学の史的研究』は、個々の内容についてはいろいろな異論があっても、言動の一貫性という点ではよき手本であった。私は特に、敗戦を挟んだ数年間の宮沢俊義の変説と変節には戸惑いを禁じえなかったので、この本の中で中村が示した自省の念の発露と一貫性のありかたには、人間的な好感を持っていた。

(2) 早すぎた官僚指導国家日本の批判

しかし、中村の『国法学の史的研究』は、その他の業績もろともに、憲法学界では無視された。戦後社会では、中村の憲法学、特に官僚制批判の部分が無視された。中村が筆を尽して批判したにもかかわらず、戦後の日本は官僚主導で復興を遂げ、朝鮮戦争特需、高度経済成長へと歩みを進めたのであって、したがって、中村の官僚主導型国家運営への批判が広く支持されるということはなかった。日本の憲法学が官僚主導、官僚支配の国家経営と正面から向き合うことができるようになったのは、一九七〇年代のことである。高度成長政策の行き詰まりが都市問題、環境破壊、福祉の貧困などとして問題状況化し、官僚指導国家の限界性が明らかになる中で、松下圭一は『市民自治の憲法理論』[125]を著して、鮮やかに官僚批判の道筋を切り開いた。

この時期に、自治体の首長の中から、現実社会の変化と問題群に対して有効に対処できない官僚指導国家に幻滅し、自らの地域で、独自の観点からの自治を展開しようという機運が高まっていた。それを支えうる職員の層もやっと育ってきた。そこに、かつてない革新自治体ブームが起きて、まず関西地区で変動がおき、東京首都圏でも、美濃部亮吉東京都知事、長洲一二神奈川県知事、畑和埼玉県知事、飛鳥田一雄横浜市長、伊藤三郎川崎市長や、多くの市町村の首長が活発に活動した。松下は、地域民主主義論をもって六〇年代後半からの革新自治体の登場に深くかかわっていたし、七〇年代には、シビルミニマム論と市民参加論によって都市自治を積極的にデザインし、武蔵野市などで自らもかかわって市民参加を進め、自治体とのかかわりを深めていた。

こういう政治的な変動と、急激に水準の上がった自治体職員の力を背景にして初めて、官僚に対抗し、ときには官僚をうわまわる自治体政府の力が作り出されていったのである。官僚指導国家への批判は、分権化され、分節化された自治体によるシビルミニマムの確保という対抗的な政策の提示ができるようになって初めて、現実的な根拠を持った批判になりえたのである。

松下と中村の違いはここにある。中村の場合には、その官僚指導批判は鋭く重要な論点を指摘できていたにもかかわらず、なおあまりにも時期が早すぎて、背景となしうる社会的な動きが不足していたので、批判のリアリティが不十分であった。結局、中村の官僚批判は、無視されてしまったのである。これにともなって、中村の憲法学界に対する発言意欲も急速に減退している。

試みに、戦後期の代表的な憲法学の業績を見てみるとよい。例えば宮沢憲法学において、いつ、どこで、日本の官僚制について、批判が展開されているか。私は、それを知らない。国家法人説が生き延び、行政法学者が、ドイツにおける官僚行政法学の代表者、オットー・マイヤーの「憲法は変われども行政法は変わらず」と嘯いた言葉を嬉々として紹介するような状況のなかで、憲法学は、どこまで、官僚支配批判の牙を抜かれていた自分を反省し、克服する方法論を展開できたのか。ごくわずかの者が、これに努力したが、学界でも、孤立した業績でしかなかった。さすがに最近では、標準的な教科書の類にも官僚制批判が登場するようになったが、標準的な教科書では、たとえば『憲法II』における高橋和之の指摘(126)のような例はまだ少数にとどまっている。

私には、こうした意味での、官僚批判が届かないことへの中村の無念さが理解できる。中村は、後の時代に、松下による官僚指導国家批判と市民自治理論の提唱を喜んで見ていた。自身の天皇制国家イデオロギー批判を藤田省三が発展させたことと並んで、「松下君の仕事」をいかほど自慢げに思っていたのかも理解できる。中村は、この点では、早すぎた秀才であったのだ。

(3)　日本国憲法の解釈と法政大学法学部の講義

中村の憲法解釈といえば、なんといってもその主要な舞台は法政大学法学部での授業である。中村は、毎週月曜日の二時間目、法政大学市ヶ谷キャンパスの五一一番教室で憲法の授業をした。法政大学の窮屈な教室事情では、まずこの時間、この教室に法学部の憲法の授業を設定して、そこから、次々とほかの授業をおのおのの教室に配置していったという意味で、カリキュラム編成のへそともなる授業であった。

中村の授業がどのようなものであったのか、その事情を良く物語るのが、御茶の水書房から出版された教科書『日本国憲法の構造』[127]である。全国の法学部で使われた憲法の教科書は、いずれも日本国憲法の解釈学的な理解を目標としているが、そのなかでは、異色の存在である。私は、今回、改めて中村の主要著作、とくに『日本国憲法の構造』を読み直してみた。中村が、これらの著作で表わした、在野の憲法学者として生きようという決意、抱負、情熱に改めて心打たれるものがある。法政大学法学部での授業はそういう立場からのものであった。こういう中村があってこそ、法政大学は、まがりなりにも有力な私学のひとつに数えられ、在野の精神を持って、多くの優れた研究業績も世に問うことができたと思う。

中村は、旧憲法について、数多くの憲法論や憲法書があったにもかかわらず、歴史の進展が、小細工のような憲法解釈論を煙のように吹き飛ばしてしまった事情をつぶさに見てきた。その中で、しかし、美濃部学説だけは毅然として歴史の碑文に残されている。中村はそれが、美濃部の不屈な自由の精神による骨太の解釈だからであったと理解した。そこで、自分も、教壇から、憲法の条文全体を平面的に、法形式的に理解することではなく、民主主義と平和の大局的な見地から、憲法の基本となっている国民主権の立場から、基本的な条文と派生的な条文を識別して、構造的に把え、他の社会科学の諸部門との関連を十分に意識しながら解釈を下すことが必要である、と考えた。まさに、日本国憲法の構造を明らかにしようというのである。その際には、あくまでも、国家権力論との関連が重要視され、国家権力と国民個人との関係が強く意識されている。

『日本国憲法の構造』では、冒頭から、国家の法的性格、憲法の概念、大日本帝国憲法、日本国憲法の制定、日本国憲法の法的性格と、いうならば国法学（今日の比較憲法論）の授業が扱うべきテーマが格調高く述べられている。法政大学法学部に入学した学生は、第一学年の第一回目の授業から、ギールケのゲノッセンシャフト・レーレはどこが問題なのかと中村から語りかけられるのであるから、さぞかし、困惑したであろうが、しかし、法律学とは何か、社会科学とは何かについて、きわめて衝撃的に入門させられる。中村の授業が分かるように自分で補って勉強しなければならないと、学生は、知的な好奇心、向学心、冒険心を強く刺激されたことであろう。

私は、法政大学に招かれたときに、相当に戸惑った。中村のこういう格調の高い授業の後を引き継ぐのであるから、どうすれば、中村に遠く及ばないとしても学生の知的好奇心を刺激し、社会や人間に関するヒューマンな視点を磨いてもらえるのか。本書を手にしながら、あれこれと悩んだことも思い出される。

中村はのんきなもので、「僕は人権問題や裁判について勉強もしていないし講義でも扱ってないので、君はその辺もカバーしてください」というだけでさっさと自分の関心のある柳田研究などの民俗学の仕事に行ってしまった。本当に、この教科書には、およそ裁判所の憲法解釈とか、憲法判例などは掲載されていない。後半部分は、一応日本国憲法の解釈ということになっているのだが、話しはあちらこちらであっという間に憲法の原論、国法学に戻ってしまう。条文解釈の部分は、絶望的に少なかった。中村に言わせれば、そんな瑣末な部分の平面的な解釈は、司法試験や公務員試験を志望した学生が自分で勉強すれば分かることであって、講義するに値しないということだったのだろう。

(4)『法学志林』の復刊

なお、この間に、中村は、休刊になっていた『法学志林』の復刊に尽力した。一九四九年、法学志林協会を立ち上げ、学生から会費を徴収し、雑誌を無料で配布するという体制で復刊がなったときに、復刊第一号の冒頭に、無署名の「復刊の辞」が掲載されている。当時法学部長であった中村が、法学志林協会の会長として、編集主任の磯野誠一とともにかかわって書いたものと思われる。中村が大事にした法政大学法学部の在野アカデミズムの原点を示すものであるので、ここに引用しておきたい。

「法政大学は明治十二年、西欧の先進文化を移入すべく東京法学社として誕生してより、今年は、その七十周年にあたる。時あたかも文明開化の華は開かんとし、自由民権運動はようやく緒に就くに至つた時代であつて、この時にあたり近代法典の母ともいうべきフランス法思想の継承に先鞭をつけんとした創立者の先覚的識見には尊崇の念を禁じ得ないものがある。しかるに、明治維新は近代の市民社会の形成にあたつて、事半ばに終つたために、フランス革命の近代法典を全き形において採用するに至らず、かえつて独逸絶対主義の仮装的近代法制を採用することになつて終つた。爾来、幾星霜を閲したが、維新の宿弊は昭和の世紀に至つて、ついに驕暴なる侵略戦争となつて、その罪禍を燃え尽した感がある。この間、法学部の機関誌たる『法学志林』も、内外の情勢によつてついに廃刊の憂目をみることになつたが、歴史は変転して、再びわれわれに幸し、ここに新たな抱負を以て、これを復刊し得る機会を持つに至つた。

ここにおいてわれわれは、かつて本誌に拠つて論陣を張つた幾多の諸先輩の成果を継承し、さらには、新時代の民主主義精神に燃えつつ、政治、法律学科の拡充および新らたな労働学科の設置によつて、再び、ここに充実するに至つた法学部関係者諸氏の支持を得て、本誌を通じ学会に炬燭の一灯を点じようとするものである。とくに法学はひろき社会科学の一部門として、始めて、その科学性を主張し得るとの確信を以て出発しようとするのが、『法学志林』復刊に際してのわれわれの新らしき抱負である(128)」。

こうして復刊した『法学志林』であるが、中村はこれを大事にして、しばしば原稿を執筆した。中村のこういう研究姿勢に教えられたのであろうか、同誌には、スタッフの優れた論文が数多く掲載され、学術誌としての評価が定まった。

(5)　中村の護憲論

中村は、日本国憲法における憲法改正問題に二度かかわっている。最初は一九四八年春から翌四九年三月までの一年間で、「東京大学法学部公法研究会」として、日本国憲法に「解釈上異論の起る余地をなからしめるとともに、この二年間の日本人民の政治的成長に鑑みて、憲法を少しでもポツダム宣言の今日における意義に適するように改めたい(129)」という趣旨で、鵜飼信成、丸山真男、辻清明、磯田進らと改正意見をまとめたことがある。丸山真男の記憶では、参加者は、丸山本人のほか、戒能通孝、中村哲、辻清明、磯田進、川島武宜、有倉遼吉である(130)。中村は、日本国憲法の制定経過とその後の改憲の動き、護憲の動きを時系列を追って解説した「憲法改正と護憲運動(131)」を書いた際に、この改正案にかかわっていたことを自ら説明し、また、改正案そのものを付録として掲載している。

第二の動きは、一九五〇年代の後半、政府与党による改憲の動きが活発になったときである。中村は、憲法擁護国民連合（護憲連）の運動に当初から参加して、活発な運動を展開した。この団体の機関誌である『平和と民主主義』や、一般の雑誌などでの中村の護憲論は、社会的にも大きな影響を与えた。

中村は、また、岩波書店をベースに成立した憲法問題研究会にも参加した。この研究会は、岩波新書でいくつかの憲法関連の書籍を出版したが、いずれもよく読まれ、護憲運動のひとつの柱となっていった。中村は研究会にはよく参加していたが、活字になったものとしては、『憲法読本　下』での論文「議会制の国民的経験[132]」に尽きる。

(6)　憲法学への関心の衰退

実は、この頃から、中村の憲法学に対する気持ちに変化があったように思える。この時期以降には、憲法に関して書かれたものを見ても、護憲連などから依頼があったのでそれに応じたという趣旨のものが主であり、内容的にも、主権論のほか、首相公選制などに関する意見が扱われている程度であって、論文と呼ぶべきものは減少する。中村は、国家や政治のあり方に関する考えを、憲法学の論文という形に纏め上げることをやめたのである。

それに代わって、中村は、柳田國男への関心を軸にして、民俗学の研究と成果の公表に熱心になる。『法学志林』に掲載した「柳田國男の思想（一）（二）」は、そうした意味での新しい中村哲の登場を伝える優れた論文である。中村は、これらを『柳田国男の思想[133]』にまとめるとともに、柳田にかかわる各種の出版企画に参画し、また、特集雑誌などにも論文を寄せている。

中村は、また、おじであった竹越三叉や、岡山県の文人、知識人についてもいくつかの研究を発表し、講談社文庫版の竹越三叉『二千五百年史[134]』の「解説」や、『わが学芸の先人たち[135]』にまとめた。

この時期に、中村の生活は大きな変化を迎える。中村は、一九六八年五月に法政大学の総長（付属校も含めた全体の学長、学校法人の理事長と兼ねた三位一体のポスト）に就任し、きわめて多忙な生活に移り、反面、翌一九六九年四月に私が法政大学に赴任したので、憲法関係の講義や講座管理の仕事から解放された。そして、一九七二年には、法政大学沖縄文化研究所の初代所長にもなった。こういう事情が、中村に、それまでの憲法学を卒業して、多忙な総長の仕事の「片手間」に、絵を描く楽しみと、新しい研究領域に移って自由に構想する楽しみをもたらしたといってよい。

本書では、中村の憲法学、政治学関連の業績を検討して紹介するものであるから、中村の総長としての仕事や、民俗学における業績についてあれこれ言うことはしない。個人的には、憲法関係の人事の話しなどで総長室を訪れ、本題はそっちのけで雑談になり、民俗学や芸術に関する中村の話しを聞き、描きあげたばかりの絵を見せてもらう機会もあった。そうした機会の思い出は脳裏に鮮明であるが、それを語ることは個人的な追憶に過ぎる。ただ、この後の展開との関連で、一つだけ述べておきたいことがある。

あるとき、中村と雑談をしていたとき、中村は、「総長になって痛感したのだが、アドミニストレイションというものは、組織の一人一人の利益を考えて行動することで、自分に反対して、自分の足を引っ張っている人の面倒も見ることになる」といった。私は、そのとき、中村は法政大学の君主になったと思った。この発言の頃から、中村が他の理事や学部長、教員などに示す態度は、一頭群を抜いて、自信を持ったワンマンになっていった。法政大学も民主的な組織であるから、理事会などでは多数決でものごとが決まる約束になっていたけれども、中村の頭の中では、決定に際して一票を持っている自分という位置づけではなく、自分が決定し、賛成が多数であったら実施する、という立憲君主制のような総長イメージになっていったと思う。このことと、この時期に、仕事の関心が古代君主制に向かったこととの間には、どちらが鶏でどちらが卵なのかは知らないが、中村のなかでのかかわりが深いように思われる。

7　政治思想史研究への回帰

(1)　国家起源論、古代君主制論研究の解禁

中村には、若い時期から、国家に関するまったく別の次元での関心があった。それは、古代君主制にはっきりと刻印されているように、国家の起源が君主の宗教的な権威と結合していた事情の解明である。この、君主は神であるという事情は、文化人としての中村の知的な興味を刺激してやまない。

戦前期から中村は、国家、国法を論じているなかで何回かそこに触れそうになって、大急ぎで「憲法学は権力機構としての国家に研究を集中しなければならない」と封印をして遠ざかっていた。

たとえば中村は、「今日の国家論とくに国法学においては、国家がなによりも強制機関であること

を明確にすべきである。それにはまず、今日なお支配しつつある国家法人説の、国家とは目に見えざる全体unsichtbare Persönlichkeitであるという妄想を打ち破るべきで、今日の国家とはなによりも権力の機構であつて、それがゲマインシァフトであるとみられる要素のあることは、このような権力機構が地縁的なひろがりをもつ今日の民族集団の共同の利益をも護る側面を有しているからである」[136]と述べている。中村は、『国法学の史的研究』に収録した「ゲルマンの国家と君主」の「四　祭司としての君主」などで、いかにも活き活きと、君主と宗教の結びつきについて語り、王権と君主主権の異同について語っているが、同時に、それを懸命に押さえ込んでいるのである。そこには、中村の、憲法学者であらねばならないという自己認識と、学問的な禁欲の気持ちがあったのだと思う。

一九七〇年代になると、中村はこの禁欲を解き、むしろ、研究の主要なテーマにしていった。中村としては、この部分に触れなければ、ギールケのゲノッセンシャフト・レーレの克服が完結しないし、そうだとすると、日本の法学批判も完結できない、という気持ちであったのであろう。こうした関心から中村は次々と論文を発表し、それは、中村の最晩年に、松下圭一らの尽力でまとめることができた『宇宙神話と君主権力の起源』[137]となって結実した。

(2)　政治思想史研究者としての退出

中村は、一九八二年、法政大学を去るにあたって、最終講義のつもりで、「東西神政思想の系譜」

について語り、それは後に『法学志林[138]』に収録された。中村は、この論文に、社会には公表していないが、ひそかに、「南原先生への回答」という副題を付して周囲に配布した。一九四六年から八二年まで、長年の法政大学への献身の後で、いよいよそこを去るときになって、万感胸に去来する中で、最終講義が「南原先生への回答」であるところがいかにも中村らしい。

中村は、南原繁に台北帝大での憲法学講座に行くことを求められ、国法学者として立つこととなった。その後、日本国憲法の生誕を介助し、憲法を論じ、政治を論じ、根深い衝動に動かされて柳田國男論に取り組んで民俗学的な仕事の整理をした。このような研究者としての軌跡はそれとして見事で美しいが、中村の気持ちの中には、なお、台北行きの決まる前の自由であった自分や、その後の研究生活でいつも封印して来なければならなかった国家起源論、古代君主制論への想いが強かったのであろう。中村は、ついに若い時期からの課題であった国家起源論研究の封印を解き、自己の仕事の集大成に向けて取り組むようになった。『宇宙神話と君主権力の起源』にまとめた論文の多くはこの時期に書かれている。

中村が、この方面の研究に本格的に取り組んだのは、一九七〇年代の半ばのことである。中村がどのような構想を持っていたのかは、一九七四年に書いた「琉球王国形成の思想―政治思想史の一齣として―[139]」に表されている。それとともに注目されるのは、この表題そのものである。「政治思想史の一齣として」という言葉の中に、中村が自身を、もはや国法学者や憲法学者は卒業して、台北行きを命じられる以前の政治思想史の研究者に戻るという気持ちが現れていないだろうか。

そのときから約十年の研究といくつかの業績の公表の末に、中村は、法政大学における最後の日を迎えて、自分は今、政治思想史研究者としてこういう研究をしており、今後さらにこういう研究を続けると語った。そのとき、しかし、中村の心を推察すれば、そこには、「南原先生、これまでの私の五〇年の研究者生活と今日のこの私の姿が、半世紀前に、憲法学への転換と台北帝大行きをお命じになった先生へのお答えです。今日は一応の区切りですが、これからも、まだまだ仕事をするつもりですので、ご覧ください」というメッセージが込められているように思える。

(3)　本然の姿に戻る

中村哲は、かつて、こんなことを書いたことがある。「人間というものは、その生涯をみる場合に、どこを基点として観ていいものなのであろうか。ぼくはにわかに断定出来ないと考えている。ぼくはいわゆる転向者でもなければ、転向するほどの決定的な場に立つことは、つねに回避して来ている。それで、自分自身のことをいうわけではないが、転向ということを問題とする場合に、どこを基準としていうのかということはなかなか断定し難いことだと思っている。たとえば学生の時代に左翼的であったものが、学校を出て職場の職制に妥協的になったり、場合によっては右翼的になったとき、左翼のところからみれば、転向だが、その人はもともと、そういう性向の人ではなかったのに、一時、左翼的現象を呈したにすぎないということがあるだろう。左翼だったところが未発達の段階であったためで、一見、転向とみえても、転向するほどの本質は本来なかったといわなければならない[140]」。私は、この言葉は、中村自身についても当てはまると思う。

中村はよく、敗戦直後の自著『知識階級の政治的立場』に対して丸山真男が東大新聞紙上で加えた書評を引用しているが、その書評の中で、丸山は、こう書いている。「むかし清盛は敬けんな法衣のかげからよろいをのぞかせて重盛のなげきを買った。がこの書の著者（中村哲）はまさに反対である。彼がまとっているのは、正しく、厳めしいコンミュニズムのよろいである。が、そのよろいのすき間から至るところ露われている著者のはだはどうやら牛乳のように滑らかなロマン主義者のそれに近い[141]」。

ここで丸山が喝破したように、中村は、一時期、人格的に尊敬する河上肇の後を追うように左傾化して共産主義者となったが、徐々に本然の姿に戻り、壮大なロマン主義者として研究者生活を遂げた。その時々の境遇には不平不満を持っていたようだが、全体としてみれば、自由に、のびのびと才能を発揮して、幸せな研究者生活であったように思う。それに、民俗学研究、文化運動、絵画と書と短歌の世界での活躍などなど、人間中村哲の全体像は、もっと大きく、もっと華麗で、もっと幸福であったように見える。

中村は、東京の世田谷で育ち、後半生も世田谷に住み、幸せな家庭生活も送った。そういう中村を、東京の山の手が生んだ最後の文人という人も居る。世田谷は私の育った地域であり、中村の家のあたりも、中村の実家や柳田國男邸のあたりも、戦時中に中村が通った矢部貞治邸のあたりも、私の遊び歩いた地域であるから、山の手の雰囲気が確かに中村の一面になっていると思う。中村と会うときには、よく、誰それはどこの地方の出身だから東京人であるわれわれとは感覚が違う、などと二人でだをあげていたのだが、しかし、こうして中村の研究者生活を振り返るとき、「山の手の文人」では微妙に違和感が残る。中村は、やはり、世田谷にも拘束されていない、自由な魂の持ち主であり、その研究者生活はそういう人間の思索の軌跡であるように思われる。そうした意味で、自由人中村哲という冠が、中村にはもっともふさわしいのではないだろうか。

二〇〇三年夏、すっかり体を損ねた中村は、梅雨の時期が危ないといわれながらもなんとか持ちこたえて、大好きだった夏という季節に、冷夏で短かったこの年の夏であったが、わずかに訪れた抜けるような青空と灼熱の太陽の輝く日に、その日を待っていたかのように旅立った。いかにも中村哲らしい人生の締めくくり方であったと思う。

注

（1）この文章では、憲法学者の中村哲に焦点を集めてみたい。政治思想研究者としての中村については、別途の研究を期待している。苅部直は、「『始原』と植民地の政治学」酒井哲哉編『「帝国」日本の学知』（岩波書店、二〇〇六年）において、中村の政治思想を検討して、優れた分析を加えており、今後の中村研究に大きな立脚点を作り出した。

　中村哲の生涯については、飯田泰三（法政大学）が何回か評伝めいた文章を書いたことがある。代表的には、『宇宙神話と君主権力の起源』（法政大学出版局、二〇〇一年）の「解題」であろう。しかし、この「解題」など飯田の書いたものを一読すれば、飯田が日頃から不勉強で、中村の著作に目を通さずに、それゆえに、中村の書いた政治思想や憲法の著作の内容に触れることのできないままに、四方山話を外形的に綴った、奇妙な評伝の類であることに気づく。遺憾なことに、飯田の評伝には、研究・調査が欠如していることから生じる多数の誤りがある。また、中村の人間性に関する洞察の不足から来る不適切な表現も多い。だが、中村に関する研究書の少ない今日では、飯田が自分を中村の弟子と称しているので、評伝が誤った中村像を流布させる危険性が高い。この論文は、そうした飯田の評伝の毒消しもかねている。そのために、愚にもつかない飯田の誤りを是正することにこだわったような記述が含まれるが、お許しいただきたい。

（2）　中村哲「シュタールの国家論―プロシャ絶対主義の国法学―」国家学会雑誌五〇巻一～四号（一九三六年）。
（3）　中村哲『国法学の史的研究』（日本評論社、一九四九年）はしがき。
（4）　『第六七回帝国議会貴族院議事速記録』八八頁。
（5）　『第六七回帝国議会衆議院議事速記録』五六五頁。
（6）　飯田泰三「解題」中村哲『宇宙神話と君主権力の起源』四〇六頁。
（7）　黒田覚『日本憲法論上・中』（弘文堂、一九三七年）。
（8）　法政大学沖縄文化研究所『沖縄文化研究』一六号（法政大学出版局、一九九〇年）三八五頁。

(9) 宮沢俊義『天皇機関説事件』下巻（有斐閣、一九七〇年）四二二頁。
(10) 中村哲「ある戦死者」『不安と反抗』（法政大学出版局、一九五四年）六三頁。
(11) 中村哲「憲法と人生—ある戦争責任」法学セミナー二三号（一九五八年）四頁。
(12) 日本の植民地統治法については、長い間、無視が続き、わずかに、中村哲「植民地法」『日本近代法発達史講座』五巻（勁草書房、一九五八年）一七三頁）がほとんど唯一の文献であったが、最近は、各種の歴史研究が進んでいる。浅野豊美＝松田利彦編『植民地帝国日本の法的展開』（信山社、二〇〇四年）。小沢隆司「植民地法制」石川一三夫等『日本近代法制史の現状と課題』（弘文堂、二〇〇四年）二六九頁。宮平真弥「中村哲先生の植民地法研究について」『沖縄文化研究』三一巻（法政大学沖縄文化研究所、二〇〇四年）五二三頁。また、植民地法とその法律学、植民地統治の政治思想についても、『講座「帝国」日本の学知』全八巻（岩波書店、二〇〇六年）がある。
(13) 中村哲『植民地統治法の基本問題』（日本評論社、一九四三年）。
(14) 鵜飼信成『戒厳令概説』（戦時法叢書第一巻）（有斐閣、一九四五年）。
(15) 清宮四郎『外地法序説』（有斐閣、一九四四年）。
(16) 大石義雄『帝国憲法と国防国家の理論』（叢文閣、一九四一年）。
(17) 大石義雄『ナチス・ドイツ憲法論』（白揚社、一九四一年）。
(18) 大石義雄『帝国憲法と非常時』（増進社、一九四四年）。
(19) 黒田覚『国防国家の理論』（弘文堂、一九四一年）。
(20) 田畑忍『法・憲法及国家』（日本評論社、一九四一年）。
(21) 末川博＝原龍之助＝実方正雄＝谷口知平『総動員法体制』（有斐閣、一九四〇年）。

(22) 大隈健一郎＝佐伯千仭＝大西芳雄＝於保不二雄＝大森忠夫『新法学の課題』(日本評論社、一九四二年)。
(23) 高見勝利『宮沢俊義の憲法学史的研究』(有斐閣、二〇〇〇年)。
(24) 高見・同前一二九頁以下。
(25) 末川博「戦時法叢書刊行について」鵜飼信成『戒厳令概説』内扉。
(26) 呉密察(食野充宏訳)「『民俗台湾』発刊の時代的背景とその特質」(藤井省三＝黄英哲＝垂水千恵編『台湾の「大東亜戦争」』(東京大学出版会、二〇〇二年)二三一頁。
(27) 中村哲「南方総督論」台湾時報一九四〇年一〇月号八頁、同「文化政策としての皇民化問題」台湾時報一九四一年一月号六頁。
(28) 中村哲「娘過剰」『現代の郷愁』(東方社、一九五六年)一〇三頁。
(29) 中村哲「戦傷」童説一七号(一九三九年)二八頁。
(30) 中村哲「ある戦死者」『不安と反抗』六九頁。
(31) 中村哲「憲法と人生―ある戦争責任」法学セミナー二三号五頁。
(32) 飯田泰三「解題」中村哲『宇宙神話と君主権力の起源』四〇八頁。
(33) 苅部直は、「『始原』と植民地の政治学」酒井哲哉編『「帝国」日本の学知』第一巻二三八頁において、「中村哲が一九四五(昭和二〇)年八月、日本の無条件降伏を迎えたのは、東京においてである。同じ年の四月に軍隊に招集(召集?)され、負傷して東京で療養中に、身重の妻を台湾から呼び寄せたところ、妻は引き揚げの途中でデング熱にかかり、東京の病院で死去した。そのため、ついに台湾へ戻ることのないまま、翌年三月、台北帝国大学の職が廃官となったのである。」と書いている。

苅部もまさか中村の弟子を自称する飯田が中村の一生を左右した戦傷の事情を知らないで適当にでっち上げて書いたとは思わなかったのであろう。飯田を信用して、まずいことに苅部自身も「身重の妻を台湾から呼び寄せたところ」などと裏づけのない多少の脚色を加えて発表してしまった。だが、中村が一九四五年四月に召集されたとか、この時期に負傷したとか、その療養で東京にいたとか、その後に妻を呼び寄せたとか、妻をデング熱で亡くしたとかいう情報は、すべて根拠不明であり、飯田以外に、この「敗戦直前負傷」説をとなえている中村研究者を知らない。また、人間はデング熱では死なない。飯田は、いかにも事情通であるように、デング熱をコレラなどのように致命的な病気として書いているが、百科辞典でデング熱の項を見ればすぐ分かる誤りである。飯田の誤りを典拠も示すことなく受け売りして自説とした苅部にはどのような弁解の言葉があるのだろうか。

(34) 矢部貞治『矢部貞治日記』全四巻(読売新聞社、一九七四、七五年)。
(35) 矢部『矢部貞治日記・銀杏の巻』一一頁。
(36) 矢部・同前九七頁。
(37) 矢部・同前一二〇頁。
(38) 矢部・同前二一六頁。
(39) 矢部・同前二五三頁。
(40) 矢部・同前二九八頁。
(41) 矢部・同前四〇九頁。
(42) 矢部・同前二九八頁。

(43) 矢部・同前三三二頁。
(44) 矢部・同前三三四頁。
(45) 中村哲「国防会議のこと」『不安と反抗』七三頁。
(46) 矢部・『矢部貞治日記・銀杏の巻』四五七頁。
(47) 矢部・同前四六〇頁。
(48) 矢部・同前五〇七頁。
(49) 矢部・同前五六六頁。
(50) 矢部・同前六五九頁。
(51) 矢部・同前七五一頁。
(52) 矢部・同前七五二頁。
(53) 矢部・同前七六〇頁。
(54) 矢部・同前七六〇頁。
(55) 矢部・同前七九八頁。
(56) 中村哲「三木先生の回想」『不安と反抗』一二九頁。
(57) 中村哲「先生の印象」『回想の三木清』(文化書院、一九四八年)二一四頁。
(58) 中村哲「序」後藤新平『日本植民政策一斑・日本膨張論』(日本評論社、一九四四年)。
(59) 法政大学沖縄文化研究所『法政大学沖縄文化研究所所報』五四号(二〇〇三年)三頁、『沖縄文化研究』三一巻(二〇〇四年)二六〇頁。
(60) 中村哲述(飯田泰三筆記)「丸山君と戦中・戦後の日々」『丸山真男集』一四巻月報一四号(一九

九六年）一頁。
(61) 中村哲（飯田泰三）・同前二頁。
(62) 中村哲「昭和研究会の頃」『読本　憲法の一〇〇年　3』（作品社、一九八九年）四〇三頁。
(63) 中村哲（飯田泰三）「丸山君と戦中・戦後の日々」五頁。
(64) 細川護貞『情報天皇に達せず』下巻（同光社、一九五三年）三七二頁。
(65) 朱徳蘭『台湾総督府と慰安婦』（明石書店、二〇〇五年）。著者は、台湾における従軍慰安婦問題の資料発掘、調査の中心的な人物であり、また、「一九三九～一九四五年日佔海南下的皇軍〝慰安婦〟」（国立中央大学文学院『人文学報』二五期（二〇〇二年）一七〇頁）がある。残念ながら未見であるが。
(66) 中村哲「国体の護持」大学新聞一九四五年八月二一日。
(67) 中村哲「中村哲教授著作目録戦前・戦中編」法学志林八二巻三・四合併号（一九八五年）二三一頁。
(68) 中村哲「憲法改正と天皇制」潮流創刊号（一九四六年）四四頁。なお、この論文につき、苅部直「『始原』と植民地の政治学」『「帝国」日本の学知』第一巻二三八頁。
(69) 中村・同前四七頁。
(70) 中村・同前四八頁。
(71) 中村・同前四九頁。
(72) これにつき、水野直樹「在日朝鮮人・台湾人参政権『停止』条項の成立」世界人権問題研究センター研究紀要一号（一九九六年）四三頁。

(73) 中村哲『立憲政の本義』(大日本教育会『公民教養叢書』第一号、一九四六年)。
(74) 中村哲「俳諧と民主主義」俳句研究三巻一号(一九四六年)三頁。
(75) 中村・同前三頁。
(76) 中村・同前四頁。
(77) 中村・同前五頁。
(78) 中村・同前五頁。
(79) 中村哲「国防会議のこと」『不安と反抗』七七頁。
(80) 中村哲「師弟論」『不安と反抗』九頁。
(81) 猿取哲「講壇ジャーナリスト論(二)」前進二八号(一九四九年)六八頁。拙稿「大宅壮一(猿取哲)、中村哲を評す」法政大学沖縄文化研究所『所報』五四号(二〇〇三年)二七頁。
(82) 中村哲「イタリーの涼風」日本国民三号三〇三頁。なお、この経過については、中村哲「成城学園の牧歌」『不安と反抗』七一頁。
(83) 河西善治『昭和の天一坊伊東ハンニ伝』(論創社、二〇〇三年)。
(84) 中村哲「成城学園の牧歌」『不安と反抗』七一頁。
(85) 矢部貞治『矢部貞治日記・銀杏の巻』八三三頁。
(86) 矢部・同前八三五頁。
(87) 矢部・同前八三六頁。
(88) 矢部貞治『矢部貞治日記・欅の巻』五〇頁。
(89) 矢部・同前七五頁。

(90) 黒田覚『憲法に於ける象徴と主権』(有斐閣、一九四六年)。
(91) 黒田覚『新憲法解説』(京都新聞社、一九四六年)。
(92) 宮沢俊義『憲法改正と民主政治』(帝国大学新聞社、一九四五年) 四二頁。
(93) 宮沢・同前四七頁。
(94) 憲法普及会『事業概要報告書』(憲法普及会、一九四七年)。和田登『踊りおどろか「憲法音頭」』(本の泉社、二〇〇六年)。
(95) 憲法普及会『新憲法講話』(政界通信社、一九四七年)
(96) 憲法普及会『新憲法大系』(国立書院、一九四七年)
(97) 美濃部達吉『新憲法概論』(有斐閣、一九四七年)。
(98) 時事通信社編『日本国憲法』(宮沢俊義解説、一九四六年)。
(99) 憲法普及会『事業概要報告書』二頁。
(100) 憲法普及会・同前三七頁。
(101) 矢部貞治『矢部貞治日記・銀杏の巻』八五七頁。
(102) 憲法普及会『事業概要報告書』五三頁。但し、歌手として、波岡惣一郎の名前もある。
(103) 中村哲『新憲法ノート』(共和出版社、一九四七年) 七八頁。
(104) 中村・同前三頁。
(105) 中村哲『主権』(法学理論編四一巻、日本評論社、一九五二年)。
(106) 中村哲『知識階級の政治的立場』(小石川書房、一九四八年)。
(107) 蠟山政道＝鈴木安蔵＝吉村正＝杉村章三郎＝中村哲『官吏制度の研究』(同友社、一九四八年)。

(108) 中村哲「日本の官僚」東洋文化研究会議『東洋の家と官僚』（生活社、一九四八年）二六三頁。
(109) 天川晃「占領政策と官僚の対応」思想の科学研究会編『共同研究「日本占領軍　その光と影」』上巻（一九七八年）二一五頁。
(110) T・J・ペンペル「占領下における官僚制の『改革』」坂本義和＝ロバート・ウォード『日本占領の研究』（東京大学出版会、一九八七年）二八一頁。
(111) 中村哲『知識階級の政治的立場』一五三頁。
(112) 中村哲「官僚意識」蠟山他『官吏制度の研究』九七頁。
(113) 中村哲『知識階級の政治的立場』一五九頁。
(114) 中村・同前一六一頁。
(115) 中村哲「官学と私学」『戦後文化』（印刷局、一九四九年）八二頁。
(116) 中村哲『新憲法ノート』一〇四頁。
(117) 中村哲『国会』（要書房、一九五二年）。
(118) 現代用語の基礎知識編集部『現代政治の基礎知識』（ダイヤモンド社、一九五二年）。
(119) 中村哲『政治学概説』（日本出版協同株式会社、一九五三年）。
(120) 中村哲『政治への不信』（実業之日本社、一九五七年）。
(121) 中村哲『政治史』（東洋経済新報社、一九六三年）。
(122) 中村哲『憲法入門』（弘文堂アテネ文庫、一九五二年）。
(123) 中村哲『憲法案内』（日本評論新社、一九五七年）。
(124) 中村哲『政治と憲法の話』（「新百科」シリーズ、偕成社、一九五七年）。

(125) 松下圭一『市民自治の憲法理論』（岩波新書、一九七五年）。
(126) 高橋和之「内閣」『憲法II第四版』（有斐閣、二〇〇六年）一五五頁。
(127) 中村哲『日本国憲法の構造』（御茶の水書房、一九五六年）。
(128) 「復刊の辞」法学志林四七巻一号（一九四九年）一頁。
(129) 公法研究会「憲法改正意見」法律時報二一巻四号（一九四九年）五六頁。
(130) 丸山真男「戦後民主主義の『原点』」『読本 憲法の一〇〇年 3』四一三頁。
(131) 中村哲「憲法改正と護憲運動」思想一九五六年六月号九四頁。
(132) 中村哲「議会制の国民的経験」『憲法読本下』（岩波新書、一九六五年）七一頁。
(133) 中村哲『柳田国男の思想』（法政大学出版局、一九六七年）。
(134) 中村哲「解説」『竹越三叉 二千五百年史』（講談社文庫版、一九七七年）。
(135) 中村哲『わが学芸の先人たち』（法政大学出版局、一九七八年）。
(136) 中村哲『国法学の史的研究』二七頁。
(137) 中村哲『宇宙神話と君主権力の起源』（法政大学出版局、二〇〇一年）。
(138) 中村哲「東西神政思想の系譜」法学志林七九巻三号（一九八二年）一頁。
(139) 中村哲「琉球王国形成の思想―政治思想史の一齣として―」『沖縄文化研究』一号（一九七四年）一頁。
(140) 中村哲「憲法と人生」法学セミナー二三号三頁。
(141) 丸山真男「鎧のかげのロマン主義」東京大学新聞一九四八年二月一九日。

〔付記・一〕

本書では、改憲派が出版した改憲を主張する書物について、研究論文として検討する価値のあるものは議論したが、多くの書籍を比較検討の外に置いた。注記もなく、学術性という面で、問題があるからである。然し、そこでの問題提起には新鮮なものもあり、注意を払っておかなければならない。以下に若干の紹介をしておきたい。

小森義峯『現行日本国憲法の包含する諸問題』（国民会館、二〇〇〇年）は、憲法改正には、合法的な方式もあれば、非合法的な方法もあると述べている。非合法的な改正の場合をさておくとして、日本国憲法の合法的な改正には、憲法第九六条による改正手続きのほかに、第五六条に基づいて、衆参両院で「日本国憲法無効確認」ないし「大日本帝国憲法復元」の決議を、二分の一以上の賛成で通常の議決と同じように扱い、それを受けて天皇が「憲法復元の詔書」を発して大日本帝国憲法に戻るという方式がある（二一九頁）。小森も認めているように、こういう主張のモデルとなったのは、菅原裕『日本国憲法失効論』（時事通信社、一九六一年、国書刊行会、二〇〇二年）である。小森の主張には、当然ながら、国民投票によって国民の意思を問うというアイディアは含まれていない。

小山常美『日本国憲法無効論』（草思社、二〇〇二年）は、日本国憲法には法的な正統性が欠落しているので無効であり、日本は大日本帝国憲法に回帰すべきであるが、復元しても現代社会に合致しない部分が相当にあるので、早急に改正を行うべきであるとする、復元改正論を提唱している（二四八頁）。小山の復元改正論は、天皇が、国務大臣の副署にもとづいて、「無効と復元の確認」を行うとともに、大日本帝国憲法第七三条第一項の規定に基づいて憲法改正の議案を発議し、第七三条第二項の規定にしたがって、衆議院と参議院が、各々三分の二以上の議員の出席で議事を開き、出席議員の三分の二以上の賛成によって改正を決定する方式だと説明されている。小山の提案には、小森のような、教育勅語の失効決議に準じた日本国憲法の失効決議というアイディアは入っていないし、国民投票というアイディアも入っていない。

飯田忠雄『日本国改造法案』（信山社、二〇〇二年）の場合は、当初は無効なものであった日本国憲法であるが、その後、一種の慣習憲法として広く国民の承認を得たことを認めるという点が異なる（二四八頁）。飯田は、また、今後の、日本国憲法第九六条の改正手続きにおいては、条文に、国民投票において「その過半数」の賛成を必要とすると定められていることに注目して、「その過半数」とは、有権者の過半数という意味であり、投票率が五〇％を上回ったときに始めて、国民が憲法改正に賛成したことになるとして、五〇％以上の人々の投票参加を求めている。そして、飯田によれば、国会が発議する憲法改正案に対する賛否は、投票数の多寡によって決まるのである。「従って、憲法改正の投票においては、改正の可否は、有権者の過半数が投票するかどうかで決まり、改正原案の賛否は『投票総数の過半数』によって決定されると解される」(二四九頁)ことになる。

[付記・二]

国立国会図書館のホームページに「シリーズ憲法の論点⑤憲法の改正」という文書が載っている。説明によれば「憲法調査会の論議に資するため、国立国会図書館調査及び立法考査局において、争点、主要学説及び諸外国の動向等を簡潔にとりまとめたもの」である。執筆者は高見勝利上智大学法科大学院教授であるが、高見が国会図書館の職員であった当時に、職務上で調査して執筆したものであり、国立国会図書館としての、立法作業補助の公式の文章ということになる。この国会図書館文書のプリントは関係する議員に配布され、また、高見は、衆議院憲法調査会で参考人として説明も行い、これまでの国会の国民投票制の議論に大きく影響している。

私は、この国会図書館文書における日本国憲法制定時の諸事情の紹介は、残念ながら一定の立場に偏していて、史実に反した誤った指摘も多く、政治的に客観中立であるべき国会図書館のものとしては問題があると思っている。

この文書によれば、大日本帝国憲法当時は、国民は、憲法改正の過程から排除され、憲法改正の請願すら勅令で禁止されていた。敗戦後に日本側で憲法改正にあたった幣原内閣憲法問題調査委員会は、内部に、日本国憲法第九六条の改正手続きを先取りする議論が「きわめて有力」であったが、保守的な委員会であったので、憲法改正について国民投票等の制度を設けるべきであるという議論が最終案に盛り込まれるはずはなかった。だから、日本政府の改正案には国民投票の条文はない。一方、民間では、高野岩三郎、鈴木安蔵らの憲法調査会が、民主的な憲法を作るべきだという観点から、とりあえず憲法改正をしたうえで一〇年以内に国民投票による本格的な民主主義の憲法を作るという案を考え、一九四五年一二月に発表した。

GHQは、この憲法研究会案も参考にして、今日の日本国憲法第九六条のもとになる国民投票制の改正手続き案を作り出した。日本政府は、これを国民主権の制度化であると理解して、帝国議会の憲法審議でそのように説明している。憲法学者はおおむねこれに賛成して、主権者国民の憲法制定権力が発動される制度として説明している。

私は、こういう典型的に護憲派の発想パターンにそった議論が、いかに史実を捻じ曲げているのかを論証している。高見は、どちらかというと、これまで護憲派の言ってきたことをなぞっただけなのであるから、固有の責任を追及するのは酷のようにも思えるが、国立国会図書館がダイレクトに立法過程にかかわる資料として作成した文書であるから、研究者個人として執筆して発表した論文とはおのずと異なった責任が生じることは否めない。

国会図書館文書の後半を読むと、憲法改正国民投票法の制度のあり方に直結する論点の説明がある。一見客観的なのようで、その実は、自民党案のような議論は成り立たなくて、野党案のほうが正しいと言いたげである。

たとえば、この文書では、いくつかの論点がある憲法改正の場合に、「それらを一括して、一体として、その賛否の意思表示を求めることは、国民に対する無理強いの謗りを免れないであろう」とまで書いて、いくつかのブロックに区分して意見を聞くことが可能で、むしろそういうほうがふさわしいという主張をしている。しかし、レフェレンダムは一括投票というのは世界の常識であり、一括投票制度を採用している国々で、日本以外に、それを「無理強いの譏りを免れない」などと酷評する憲法学者のいる国は確認できない。

あるいはまた、この文書は、国民投票の機会に市民の賛否の意見が十分に尽くされるように、全面的な運動の自由を認めよと主張している。日本国憲法制定過程では、こういう機能は前段のイニシアティブに期待できるものであると理解されていた。高見は、憲法改正手続きの前段で、諮問的国民投票、つまりイニシアティブを、立法で実現しても憲法第九六条に違反するものではないと説く数少ない憲法学者の一人であるが、国民の意思をこまかく問うのは、イニシアティブがいいのか、レフェレンダムがいいのか、いったいどちらがふさわしいと考えているのか、さっぱり分からない。

もう一点、この国会図書館文書には、執筆者の研究者のモラルとして問題になる点がある。高見は、かつて、師である芦部信喜憲法学の研究の一環として、雑誌『法学教室』二〇〇三年六月号に論文「芦部憲法学を読む拾遺一八」を公表し、それは後に『芦部憲法学を読む』（有斐閣、二〇〇四年、四一五頁）に収録された。問題は、この個人論文と、国会図書館の文書が、相当の部分、とくに歴史叙述の部分で同文だということである。簡単に言えば、高見は、国会図書館の正式の立法補助作業で、自分の昔の論文をそのまま使ったのである。いくらなんでも自信過剰である。

もともと、高見の論文は、芦部信喜の憲法改正論を学説史的に整理するものであるから、研究も記述も芦部中心になりがちで、芦部の範囲を超えることがない。ところが護憲論者の芦部は、勉強不足で、日本国憲法制定の前後の、国民投票に関する多様な議論に気づくことなく憲法改正の論文をまとめてしまった。それを検討する高見も、師と同じミスを繰り返して、先行業績への十分な目配りのないままに書いている。この問題点は、個人の論文であれば、先行業績の精査が足りないと批判されるだけであるものの、この個人論文を、国民投票に関する国会図書館の公的な調査報告に転用すれば、国会図書館が護憲論に偏向しているという誹りを免れることは難しい。

〔付記・二〕

高見にとって不幸なのは、高見が雑誌論文を執筆した二〇〇三年六月と、国会図書館の文書に転用した二〇〇五年の間には、二年の時間差があることである。この二年間には、現実社会での憲法改正問題の盛り上がりにも影響されて、憲法改正の手続論については、本書でも検討したように、いくつかの優れた業績が現れた。国会図書館文書では、そうした新しい研究は一切言及されていない。最近の業績、とくに若手の、護憲派ではない研究者のものへの検証が足りなくてそれらを無視したという批判も痛烈に浴びることになる。

国会図書館は、この文書を、このまま公表し続けるのか、それとも立法作業への専門的助言として、今後実際に具体化する憲法改正国民投票法案の国会審議に役に立つ適切なものに書き直すのか、早急な再検討が必要であろう。私は、かつて丸山真男が好んで用いたような、長文の付記による「増補」が望ましいと思う。これもまた、ひとつの憲法学説史なのであるから。

人名索引

〈た　行〉

〈な　行〉

〈は　行〉

〈ま　行〉

〈や　行〉

〈ら　行〉

〈わ　行〉

〈著者紹介〉

江 橋　崇（えばし・たかし）

1966年　東京大学法学部卒業

現　在　法政大学法学部教授

〈主要著書〉

『現代の法 1　現代国家と法』（編著）（岩波書店，1997年）

『現代の法14　自己決定権と法』（編著）（岩波書店，1998年）

『自治体国際協力の時代』（編著）（大学教育出版，2001年）

『人権政策学のすすめ』（編著）（学陽書房，2003年）

『市民主権からの憲法理論　増補型改正の提案』（生活社，2005年）

「官」の憲法と「民」の憲法
——国民投票と市民主権——

2006（平成18）年 9 月15日　第 1 版第 1 刷発行

編　者　江　橋　崇

発行者　今　井　貴
　　　　渡　辺　左　近

発行所　信山社出版株式会社

〒113-0033 東京都文京区本郷 6-2-9-102

電　話 03（3818）1019

F A X 03（3818）0344

Printed in Japan.

 印刷・製本／暁印刷・大三製本

ISBN-4-7972-2467-3 C3332